# 発達が気になる子へのアウトリーチ型支援

## 医師・心理士の協働による早期保育支援モデル

久保田健夫・山口豊一・腰川一恵

岩崎学術出版社

発達が気になる子への

# アウトリーチ型支援

## —医師・心理士の協働による早期保育支援モデル—

久保田健夫・山口豊一・腰川一恵

# はじめに

発達障害傾向を示す子どもが増加しているのではないかとの感触を教育現場や医療現場が抱くようになったことを受け、２０１２年に文部科学省で小中学校を対象とした調査が行われました。その結果、学習障害や自閉的傾向、多動・衝動性など発達障害傾向を認める児童の割合が６・５％であることが報告されました。これはクラスに発達障害傾向の子どもが２人程度いる勘定で、発達障害は今や決して稀ではなくなったことが数値として示されました。

このような発達障害傾向の子どもの増加の要因調査が行われ、私自身も医学の立場からこれに加わりました。その結果、まず全国的な特別支援学校の整備という社会的要因が考えられました。すなわちそれまで特殊学校や養護学校とよばれていた学校が、特別支援学校という名称に変更され、通常の学校の中の特別支援学級の整備や、必要な科目の授業のみ支援を受ける通級という制度も加わるなど、発達障害を含む障害児に対して、手厚い教育が行える体制が整えられたことです。また教育のゴールに就労が掲げられ、障害者雇用枠を使った優先的な就労の機会も特別支援学校には開かれることになりました。

このような流れを受けて、発達障害傾向の子どもを持つ保護者も、自分の子どもを隠すのではなく、積極的に手を上げ、このような学校に入学させ、就労につなげる考え方に変わってきました。そのため、支援学校に入学するために必要な医師からの診断を受ける子どもが増え、見かけ上（実際は以前から発達障害傾向の子どもはいたのだが）、発達障害の診断を受けた子ども、つまり〝発達障害児〟が社会の中で増加したというわけです。実際、近年の横浜市における特別支援学校への受験は6倍の競争率であり、重い順に入学が許可されることから、軽度発達障害児は一般の学校に回ることが余儀なくされるようになりました。

しかし、教育や医療の現場ではこの要因で説明できないほどの増加であるとの見方も出てきています。実際、入学の競争率が6倍である横浜市の特別支援学校では重症児が優先されるため、軽度発達障害児は、通常の学校に行くことを余儀なくされているのです。したがって、特別支援学校の拡充を上回るスピードで発達障害児が増加してきたと考えられます。

しかし、発達障害の子どもの増加のスピードは、単に支援学校が整備されそれに伴い診断数も増えたというだけでは説明できないほどの急激な増加であるとの声も、教育・医療の現場から根強くあります。だとすると、見かけの増加ではなく、真の増加と考えなくてはいけません。それでは何が要因なのか。近年の医学生物学研究により、その要因として医療の進歩や養育環境が示されるようになりました。たとえば、従来救命できなかった1000グラム未満の超低出生体重児が、今やほとんどのケースで後遺症なく助けることができるようになってきました。

しかしその後の長期調査で、小学校高学年ぐらいに発達障害傾向が見られるケースが稀でないことが言われるようになっているのです。また基礎生物学研究では、幼少期の虐待が脳の遺伝子をオフにして性格や行動を変えてしまう、いわゆる「三つ子の魂百まで」の生物学的解明がなされるようになってきました。誤解を恐れずに言えば、高齢結婚で必要となった、今や世界一と言われるまで発展した我が国の生殖補助医療の実施増加と発達障害児の増加の時期が一致するのです。これは生殖補助医療技術そのものに原因があるというよりは、精子の自然選択がなされていないことが要因になり得ると考えられます。実際、遺伝子異常のほとんどは父親が原因であることが、精子ＤＮＡの脆弱性から明らかにされてきました。

ところで、ある幼稚園を訪問した際、入園時、他の園児と一緒の行動ができないなどの発達障害傾向が認められても、早期から適切な保育を受け療育につなぐことができた子どもは、それができなかった子どもに比べて卒園時の障害の程度が軽くなっていたとの経験談を伺いました。このことは、先天的な発達障害モデルマウスの研究でも裏付けられていることです。すなわち、発達を促す環境（知的能力を伸ばす遊具を置いた広い運動環境）を提供すると、通常のケージ（金属の檻）の中で飼育された同じ種類のマウスに比べて脳の遺伝子の活性化が認められ、行動の障害が改善されたとのことがわかったのです。

以上のように保育現場の経験から、また基礎研究から早期介入の効果がわかっていながら、社会的な対応はその通りになっていません。加えて、発達専門の医療機関はどこも満杯で、初診患者は半年待たされることは普通で、2年待ちというところがあることをお聞きしたこともあります。これでは、早期介入は実現できません。そこで我々は医療機関を受診する前に、発達障害傾向の子どもに対する早期からの介入を実現を図るため、発達支援のために幼稚園や小学校を訪問してきた心理士に医師が帯同し、保育や教育の現場で、発達障害傾向の子どもの通常の状態を直接観察し、それを踏まえて保育者や教員、さらにはその子どもの保護者の相談に乗ったり、助言を行うスタイルの活動を始めることにしました。

本書は、このような医師・心理士の協働型発達支援巡回訪問の経験を、幼稚園側の意見や評価も含めて、書き記したものです。第1章「発達の気になる子へのチームアプローチの経緯と意義～幼稚園・小学校支援の体験から～」を執筆した山口豊一教授は、聖徳大学心理・福祉学部の学部長で、心理士として長年、小学校や幼稚園で発達支援活動を行ってきた経験があり、学校心理士の育成活動の中心のお一人でもあります。また第2章「チームにおける心理士の役割～保育、教育へどのようにアプローチするのか～」を執筆した腰川一惠教授は、心理士として、幼稚園や保育所を中心に発達支援活動を行ってきた経験があります。また第3章「チームにおける医師の役割」を書いた私（久保田健夫）は、小児科医として新生児医療に携わった後、長年、病気の遺伝子に関する基礎研究に携わり、並行してスクールカウンセラーを行なっていた心理士と一緒に病院の遺伝病専門の外来を担当してきた経験があります。また、腰川教授と私は聖徳大学の特別支援教育の担当教員でもあります。最後の章の座談会では、発達支援巡回訪問先の1つである聖徳大学附属成田幼稚園の主任である折笠とみ恵先生と教諭である平山由佳先生にもご参加いただきました。

私ごとですが、聖徳大学に赴任してから3年余りの間、心理士資格を持つ教員とチームで発達支援巡回活動を行ってきた中で、病院での診療の際は理解できていなかった発達障害傾向の子どもの普段の姿を幼稚園や小学校で目の当たりにすることができました。これにより、その子の悪い点を努力させて矯正するという発想ではなく、良い点をできるだけたくさん見つけてあげてそれを伸ばすことを考える発想を持つことができるようになってきました。さらに自身の研究テーマも、以前は「遺伝子を修復して発達障害を治療する」といったものでしたが、保育や教育の現場を訪れるに従い、「その子を伸ばす良い環境を客観評価できる方法の開発」というものに変わってきました。

冒頭で述べた通り、医療の進歩は必ずしも障害者を減らす方向に働いておらず、以前は治療が難しかった子どもたちの命を助けることが可能になったことにより、逆説的ですが、むしろ障害児を増やしている側面も合わせ持っています。また少子化により、生まれてきた子どもをより大切に育てなければならない時代になっているとも言えます。したがって、発達障害傾向を認めても、適切な養育、保育、教育の環境を与え、その子が生まれ持った特性を最大限、伸ばしてあげることが、今、社会で求められていることではないかと考えています。

この本は、我々の試行的な活動を、広く、保育や教育の現場の先生方に知っていただきたく書いたものです。また個人的には、病院の先生方に対して新しい医療のやり方を提案できたらとも思っています。

本書をこれから保育士や幼稚園教諭、小中学校や特別支援学校の教員、臨床心理士、公認心理師といった心理専門職の免許や資格を取るために勉強されておられる学生の皆さまにも読んでいただき、将来の多職種協働の担い手になっていただけたら、筆者たちの望外の喜びです。

末筆ながら、我々の活動を熱心に聞いていていただき、本書に挿絵や図をいれていただいたことも含め、企画を立て出版まで多大なご尽力を賜りました塚本雄一様をはじめ岩崎学術出版社の編集部の皆様方にこの場をお借りして厚く御礼申し上げます。

2021年・3月吉日

久保田健夫

第 1 章

# 発達の気になる子へのチームアプローチの経緯と意義
## ―幼稚園・小学校支援の体験から―

山口豊一

# 1 なぜ、アウトリーチ型の巡回相談が始まったのか？

## (1) はじまりは、心理士としての巡回相談だった

私はこれまで、幼稚園や小学校に巡回相談員（臨床心理士）として赴き、先生方が子どもたちを支援していく中で、悩みを感じていることについて相談を受け、実際に子どもの行動観察をした後に、助言（コンサルテーション）を行ってきました。

そのなかで、ＡＳＤ（自閉スペクトラム症）、ＡＤ／ＨＤ（注意欠如多動症）、ＳＬＤ（限局性学習症）などの発達障害や、その傾向が疑われる園児・児童に出会うことがありました。たとえば、

・友達と一緒に遊べない
・机の上にあるものは全て床に落としてしまう
・休み時間に外に遊びに行ったまま時間になっても教室に戻ってこない
・水道で水遊びを続ける

・食べ物に対するこだわりが強くて白いものしか食べない
・友達にすぐ手をあげて暴力をふるう

といった様子がみられる子どもたちです。

このような子どもたちの行動を実際に観察した後、幼稚園の園長先生、主任の先生や担任の先生と話し合いを持ちます。今までの支援方法の修正を提案したり、また、しばしばそこに保護者の方がいる場合もあり、そういうときには関わりの見直しを提案したりしていました。

しかし、前にあげたような行動がみられる子どものなかには、コンサルテーションで幼稚園の先生方に助言して教室環境の調整をしてもらうといった環境面への働きかけだけでは難しい、発達障害の疑いのあるケースもあります。そうすると、専門的な見立てのため医師との連携が必要になります。後述のように保護者の方が直接相談に来たときは、医療機関の受診を勧めることがあります。とはいえ、保護者によって医療機関の受診に積極的な方と、消極的な方とがいて、一様な対応が難しいことも事実です。

医療機関の受診に消極的な保護者の方には、子ども本人への幼稚園での関わり方、家庭での関わり方について、専門医より指導を受けることのメリットを伝えます。つまり、専門医の指導を受けることで、本人の幼稚園での生活・家庭での生活・友達関係が改善され、生活の質（QOL）の向上につながることを強調し、その指導を受けるためにという目的で医療機関への受診を勧めます。ここで、医療機関を受診するのは「障害」というレッテルを貼るためではないということを、ていねいに説明しなければなりません。たとえば、AD／HDと診断されたら、そこからその子にどのような支援が必要であり、有効であるのかを考えていくために、医師に医学的見地からその支援案を教えてもらうというようなことです。

さて、その後、三か月程度経って、再度その幼稚園に巡回相談に赴きます。ここでは、その後の様子を踏まえて、保護者や幼稚園の先生と行動観察後、再度話し合いを持ちます。大事なことは、専門医に受診した際の診察（指導）の結果を聞くことです。ところが、次の「巡回相談で医師との連携が必要になった理由　⑤他機関との連携」で述べているように、実際には専門医の受診がなされていないケースが多くあります。

しかしながら、発達の気になる子ども、特に発達障害の疑いがある子どもへの介入は、遅れれば遅れるほど、予後が良くないとされています。つまり、発達障害の傾向があると疑われた場合は、できる限り早期に介入すれば、予後は良くなるのです（久保田、二〇一九）。そのため、巡回相談に医師が参加することで、専門医の受診が遅れてしまいそうな子どもに対しても支援を行えるようになることは、大変意義があることだと考えたのです。こうした事情から、私はアウトリーチ型支援に、医師が参加する必要性を感じ、実践するようになりました。

## (2) 巡回相談で医師との連携が必要になった理由

ここでは、巡回相談において医師との連携が必要になった理由について、①多様な子どもたちが増えている、②発達障害とは何か、③アセスメントの専門性、④保護者の障害受容の困難さ、⑤他機関との連携、以上の五点から詳しく論じていきます。

### ① 多様な子どもたちが増えている

現代では、多様な存在をどのように理解して、どのようにともに歩んでゆくか、ということが社会の今日的課題として取り組まれてきています。多様な存在を理解し、ともに歩んでいくことは、理念として非常に立派なことです。その一方で、それを実現することは簡単なことではありません。私たちは、現在のような多様性を重んじる社会になる前に、気づかないうちに多様性を否定し排除する社会に育ってきてしまっているからです。そうでなければ、多様性に改めて注目する必要はないはずです。本書で注目する「発達障害傾向」のある子どもたちも、このような**多様性に対する理解と共存の中で浮き彫りになってきている存在**であると思います。

保護者や幼稚園・小学校の先生は、教育現場に増えてきている新しいタイプの子どもたちに戸惑っている現状があります。新しいタイプとは、「発達障害傾向」という言葉で呼ばれている様相を指します。発達障害は、定型の発達とは異なり、特定の領域において、ある年齢ならば当然期待される能力や興味を持たなかったり、反対にその年齢で期待される以上の能力や興味を持ったりすることを言います。近年、発達障害という診断はついていなくても、発達障害の子どもたちと似た傾向のある子どもたちが、教育現場で多く見られるようになってきています。

## ② 発達障害とは何か

発達障害は、前述のように定型の発達とは異なり、特定の領域において、ある年齢ならば当然期待されると能力や興味を持たなかったり、反対にその年齢で期待される以上の能力や興味を持ったりすることを言います。

文部科学省（二〇一三）によれば、通級指導教室に通っている人数に限っても発達障害のある児童生徒数は増加しているとされてます。主な発達障害として文部科学省（二〇〇九）のホームページでは、自閉症、高機能自閉症（以上をまとめてASDとも称する）、学習障害（LD）、注意欠陥／多動性障害（AD／HD）の四つをあげています。

なお、文部科学省は発達障害について、DSM－Ⅳ（精神障害の診断と統計マニュアル第4版）の定義を採用しており、これによると、自閉症と高機能自閉症は、①他者との社会的関係の形成の困難さ、②言葉の発達の遅れ、③興味や関心が狭く特定のものごとにこだわることを特徴とする点が共通していることが分かります。ただし、自閉症は知的発達の遅れを伴う一方、高機能自閉症は知的発達の遅れを伴わない点が異なっています。そして、アスペルガー症候群という、自閉症の特徴のうち、知的発達と言葉の発達の遅れを伴わないものもあります。いずれの場合も、保護者はコミュニケーションの取りづらさや子どものこだわりの強さに困難を感じやすく、幼稚園や小学校の先生であれば、クラスメイトとのコミュニケーションや、集団活動の進行から外れてしまうことへの指導に悩みやすくなります。

学習障害は、基本的には全般的な知的発達に遅れはありませんが、聞く、話す、読む、書く、計算する、または推論するといった能力のうち、特定のものの習得と使用に著しい困難を示す、という特徴をもちます。学習障害は、知的な遅れが見られないため、一見すると分かりにくく、周囲の大人も子ども本人も困惑しやすくなります。保護者は、周りの子どもができることを自分の子どもができないことで、子どもの将来が非常に心配になります。小学校の先生は、教科の指導に必要なこと以上の対応を求められるのに対して、中枢神経系の機能障害のために指導の効果が見られにくく、努力の報われなさを感じやすくなります。先生は子どもの指導にどのような心持ちで臨めばよいのか分からず、途方に暮れることも少なくないようです。

注意欠陥／多動性障害は、年齢あるいは発達に不釣り合いな集中力、及び／又は衝動性、多動性を特徴としています。集中力が低いと、気が散りやすく、目の前の課題に集中できなかったり、話を聞き続けることが難しくなったりします。衝動性が強いと、思いつきで動いたり発言したり、必要な場面で我慢ができなかったりと、集団場面で困難が生じやすくなります。多動性が強いと、着席し続けることが難しかったり、対人関係では一方的にしゃべってしまったりするなど、集団生活に支障をきたすことが多くなります。

また、文部科学省のホームページでは言及されていませんが、「ギフテッド・チャイルド（Gifted child）」と呼ばれる子どももいます。ギフテッド・チャイルドは、知能が高いため授業の内容をつまらなく感じたり、同級生との会話も興味が合わず面白くなく感じたりしやすく、所在の無さを感じることも少なくないと言われています。つまり、知能の高い子どもがクラスにいることも先生にとって悩みの種となるということです。知能の高さから生じるこのような不適応に、保護者も先生も対応に難しさを感じやすくなります。ただ、ギフテッド・チャイルドへの対応も、多様性を重んじる社会では重要な課題と言えます。

さらに近年では、発達障害への関心が高まるとともに発達障害の「傾向」を持つ子どもたちについても注目されてきています。これは、発達障害の「傾向」は指摘されながら、正式な「診断」には至らない子どもたちのことで、「発達障害グレーゾーン」とも呼ばれています（姉野、二〇一八）。発達障害傾向の子どもたちは、発達障害の診断がついている子どもたちとは違った生きにくさを感じることがあります。我が国の制度の中では、診断がつかないことで公の支援を受けられず、置き去りにされた存在となりやすくなる現状があります。幼稚園・小学校の先生も、診断がない子どもに特別な配慮をすることを躊躇したり、反対に配慮をする必要がないと考えたりしがちです。そのため、「発達障害傾向」のある子どもたち本人は必要な支援を得られず、周囲も支援方法がはっきりしないという、二重の苦しみが生じやすくなります。発達障害の診断があっても無くても、子どもの特性や課題に応じて必要な支援を躊躇なく行っていくことが重要なのです。

このような発達に関することは、専門の研究が行われてきて知見が蓄積されており、現場の先生方にも広く知れ渡るようになってきています。その一方で、研究が行われていないような個別の問題を抱える子どもたちも少なくありません。たとえば、このような子どもたちに直面して、幼稚園・小学校の先生は、先輩である先生や管理職に相談しながら対応を進めることとなります。

しかしながら、相談相手とする先生方も、あらゆる問題に熟知する経験を持っているわけではないため、五里霧中といった状態で対応を進めることになるという現実もあります。幼稚園・小学校の先生が、日々新しいタイプの問題に直面する中で、先を見通せない不安や、自分の対応が間違っていなかっただろうかといった疑心暗鬼、そして間違った対応をしてしまったのではないかという後悔など、強い否定的な感情に圧倒されることは度々あると推測されます。

### ③ アセスメントの専門性

このような発達障害やその周辺の問題に対するアセスメントにおいて、医師の専門性は支援を考える上で重要な要素となります。特に、日本小児神経学会が認定する小児神経専門医は、「成長発達期にけいれん、運動、知能、感覚、行動、言葉やこころの問題などの神経系機能障害をおこす病気の診療に必要な知識・技能・経験を持っている。」とされており、発達障害やその周辺の問題について、豊富な経験と知識を有しています（日本小児神経学会、二〇一九）。

発達障害やその周辺の問題が一つだけ生じることはまれであり、多くの場合は、程度の強さは異なるものの、複数の問題が併存して生じます。たとえば、集中力の問題と学習の問題が併存している場合や、コミュニケーションの問題と衝動性の問題が併存している場合などがあげられます。そして、複数の問題のうち、どの問題を中心に据えて考えれば良いのかは、専門家でなければ非常に難しい判断となります。その点で医師は、多くの事例を経験しており、また専門的な観点から、問題の中心を把握することに習熟していると言えます。

さらに医師は、神経学的知識を豊富に持っています。そのため、小さな徴候から重要な神経学的問題を発見し、支援の方針を定める上で大切な手がかりとすることができるのです。

### ④ 保護者の障害受容の困難さ

前述のような発達障害やその周辺の問題は、保護者にとって受容することが困難であることが多いです。障害受容の難しさの理由は、見た目からくる問題、感情面の問題、認識の難しさなどに分けられます。

第一に、見た目からくる問題として考えられるのが、一つは身体障害などと違って、自分の子どもが見た目には他の子どもと違って見えることが少ないことがあります。見た目からは、障害という名前がつくことは思いもよらないため、脳や中枢神経系の問題によって生じると説明されても、保護者やその周りの人からは「それは『個性』の一つで、障害ではない」と片付けられてしまいます。そのため、AD／HDのように多動性や衝動性の高い子どもには「我慢が足りない」、学習障害のようにある特定のものの習得がうまくいかない子どもには「努力が足りない」などと、本人の問題というレッテルを貼られやすくなります。このことは、保護者自身にも「きちんとしたしつけができていない」というレッテルを貼ることになるため、保護者自身の苦しみにもつながります。しかしながら、保護者にとって障害という可能性は思いもよらないことであるため、医師の診察を受ける必要がある場合でも、診察につながらないことが多くあります。

第二に、感情面の問題として考えられるのが、保護者は自分の子どもに「障害」の名前がつくような特徴があることを、感情的に受け入れられないということです。「障害」という名前がつくことは、その人の人生に甚大な影響を及ぼします。Goffman（一九六三）は、「望ましくない種類の特徴を持つことが立証された場合、人の信頼や面目を失わせる働きが広汎に渡る。」と述べ、そうしたことを「スティグマ（stigma）」と名付けました。つまり、発達障害も望ましくない種類の特徴の一つと考えられ、そのような特徴をもつことをできれば避けたいと保護者が考えるというのが、この問題なのです。

第三に、認識の難しさとしては、保護者は、自分の子どもの発達障害傾向を捉えにくいということが理由に考えられます。たとえば、高機能広汎性発達障害についての研究で山根（二〇〇九）は、保護者にとっては障害が見えにくく、障害と子どもの個性との区別が難しいことを指摘しています。また臨床現場でよく指摘されることとして、親が発達障害傾向をもつ場合、子どもの発達障害傾向が特別なことであるとは認識しにくいということもあります。それは「自分も同じようであったため、子どもに何か障害があるとは思わなかった。」という保護者の言葉で語られることが多くあります。

このような問題から、保護者はなかなか自分の子どもの障害を受容できずにいることがあります。そのようなときに医師は、保護者の障害受容に多く関わってきた経験をもつため、障害受容において重要な役割を果たすことが多くあります。

## ⑤ 他機関との連携

他機関との連携における困難の要因として、専門機関の予約の取りづらさや、専門機関に対する心理的ハードル、専門機関を継続して利用することの難しさなどがあげられます。**この三つは、巡回相談において、医師と連携することで解決できることが少なくありません。**

まずは、専門機関の予約の取りづらさについて述べます。せっかく受診を決意しても、予約を取るには数か月待ちということは、よく話題に上がります。それは、発達障害の専門医である小児神経専門医の数が二〇二〇年三月現在で一二五五名と少ないことも要因の一つであると考えられます（https://www.childneuro.jp/modules/senmoni/ 日本小児神経学会、二〇二〇）。また、発達障害傾向を診断するには、数多くの所見が必要で、診察に時間がかかることもあります。それは、母子手帳や小学校の通知表の生活の項目などの情報、施行に時間のかかる個別式の発達検査の情報が必要であるためです。その点、巡回相談に医師が帯同する場合、教室などでの行動観察から多くの情報が得られます。また、保護者と学校側の許可が得られれば、通知表の生活の項目についての情報も得られます。そのままその医師の診察につながれば、診察で多くの聞き取りをする時間の省略にもなります。

続いて、専門機関に対する心理的ハードルも重要な問題と言えます。普段から専門機関で受診する経験がなければ、専門機関に対する不安や複雑な感情を抱いてしまいがちになり、受診が遠のいてしまうことも少なくありません。その点で、巡回相談において医師との面識があれば、このハードルはかなり下げることができると考えられます。

そして三つ目の、専門機関を継続して利用することの難しさ、という問題も大きいです。これは、医師と、保護者や幼稚園・小学校の先生との知識量の違いや、障害の重症度に対する認識の違いからくることが少なくありません。

よくあるのが、診察をしてすぐに薬を処方されたが、子どもに安全な薬かどうか分からず、服薬の継続を保護者が断念するということです。その背景には、医師は多忙な中、診察を行っているため、なかなかていねいな説明ができないことが多いことがあります。これにより保護者は、安全かどうかが分からない薬を、子どもに服用させることに躊躇を覚えます。もちろん、処方される薬は安全性が確認されているものではありますが、保護者にはその知識がありません。このような知識量の違いが、専門機関の継続的な利用を妨げる要因となることがあるのです。

また付け加えますと、障害の重症度に対する認識の違いもよくあります。医師は、重症度の非常に高いケースを数多く診察しています。そのため、それに比べて「お子さんの障害はまだ軽いです。」という言葉で保護者に伝えることがあります。しかし、自分の子どもにどう対応して良いのかと途方に暮れている保護者にとって、この言葉は非常に残酷に感じられます。「こんなに大変なのに『軽い』と言うのは、この医師はしっかりと自分の子どもを分かっていないのではないか」、などと感じて、医師に対する不信感が湧いてしまうことがあるのです。

このような場合も、巡回相談において医師と十分にコミュニケーションを取ることができると、その後の経過は良い方に向きやすくなります。前述の医師の「お子さんの障害はまだ軽いです。」という言葉は、重症度の非常に高いお子さんと比べて、という前提のもとに話されているという解釈を伝えると、保護者の不信感は和らいでいきます。

ここまで見てきたように、他機関との連携においても、医師が巡回相談において果たす役割が大きいことが分かります。次に、アウトリーチ型支援の意義を整理します。

## （3）アウトリーチ型支援の意義

教育現場での巡回相談を通して、その場でさまざまな立場の専門家が、子どもの理解を深めて支援していくことを「アウトリーチ型支援」といいます。なお、ここでは、アウトリーチ型支援を、「医師と心理職が幼稚園や学校に直接的に出向いて、巡回相談を行い、心理的・医療的な支援に当たること」とします。

アウトリーチ型支援の意義として、次の三点があげられます（図１―１）。

①心理と医療の連携チームで学校現場（教育）に赴き、新たな社会貢献のかたちを示すこと

②近年、増加が認められている発達障害傾

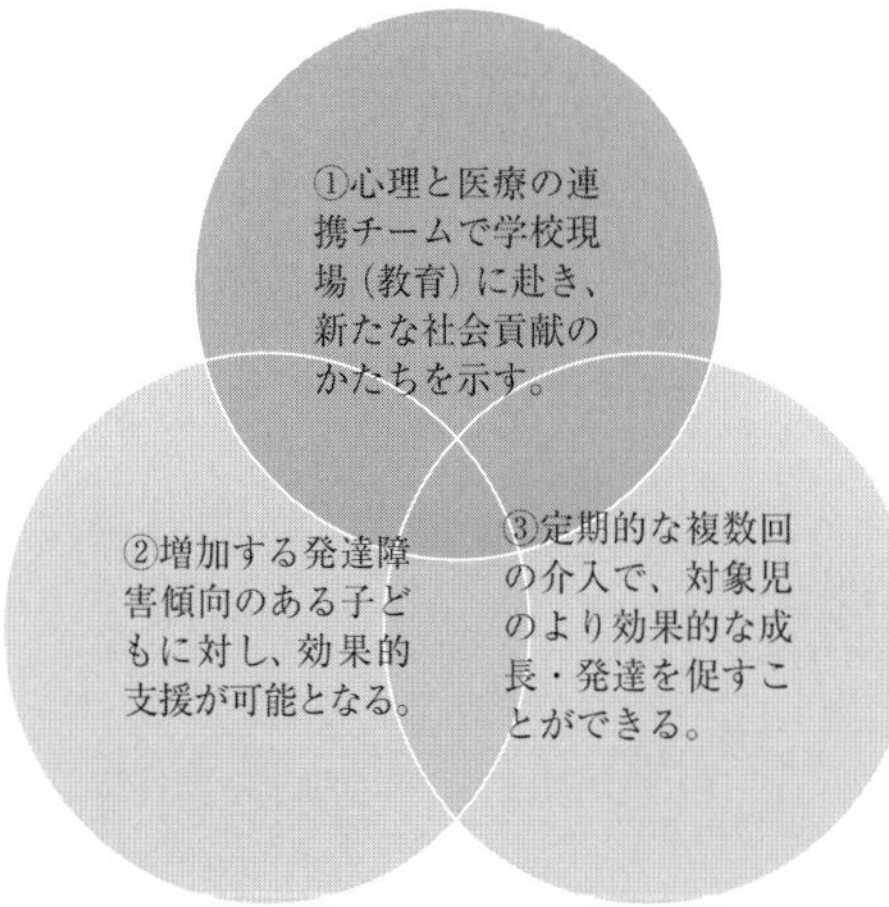
①心理と医療の連携チームで学校現場（教育）に赴き、新たな社会貢献のかたちを示す。
②増加する発達障害傾向のある子どもに対し、効果的支援が可能となる。
③定期的な複数回の介入で、対象児のより効果的な成長・発達を促すことができる。

図 1-1　アウトリーチ型支援モデルの意義

向のある子どもに対して、効果的な支援が可能になること
③定期的な複数回の介入を通して、対象児のより効果的な成長・発達を促すことができること

心理職と医師が連携し、支援者同士がより綿密に情報を共有する環境を整えることは、その子の周りにいる支援者（つまり幼稚園の先生や保護者など）が、より子どもを理解することを促し、より良い支援にも結びつきやすくなると言えるでしょう。こうした環境を整えることが、子ども自身のより良い発達につながっていくのです。次に、アウトリーチ型支援における巡回相談のプロセスについて整理します。

## 2 アウトリーチ型支援における巡回相談のプロセスの実際

幼稚園や小学校の先生に対して、巡回相談ではどのようにアプローチしていけば良いのでしょうか。私は、以下の五つのプロセスを行きつ戻りつしながら、関わりを続けることが望ましいと考えています。それはすなわち、（1）協力関係づくり（アイスブレイク）、（2）目標

設定、（3）情報のまとめ（アセスメント・行動観察）、（4）話し合い、（5）フォローアップの五つの段階を踏むことです。行きつ戻りつしながら関わるとした通り、ある段階で、それ以前の段階が不十分であったと感じるならば、前の段階に戻ることも厭わないことが肝心となります。そして最後まで終わらないとしても、オープン・エンデッドとしてすべての段階をやり切ることにこだわらないことも大切です。それでは、各段階についての説明を行います。

## （1）ステップ1：協力関係づくり（アイスブレイク）

「アイスブレイク」とは、面識のない人同士が集まる場面などで、初対面の緊張を和らげ、お互いに打ち解けるきっかけを作るための手法です。ワークショップなどの場面で用いられてきていますが（田澤、二〇一七）、巡回相談場面でも有効であると考えられます。参加者全員で自己紹介をしたり、他愛もない雑談に興じたりすることによって、参加者がコミュニケーションを取りやすい雰囲気を作りま

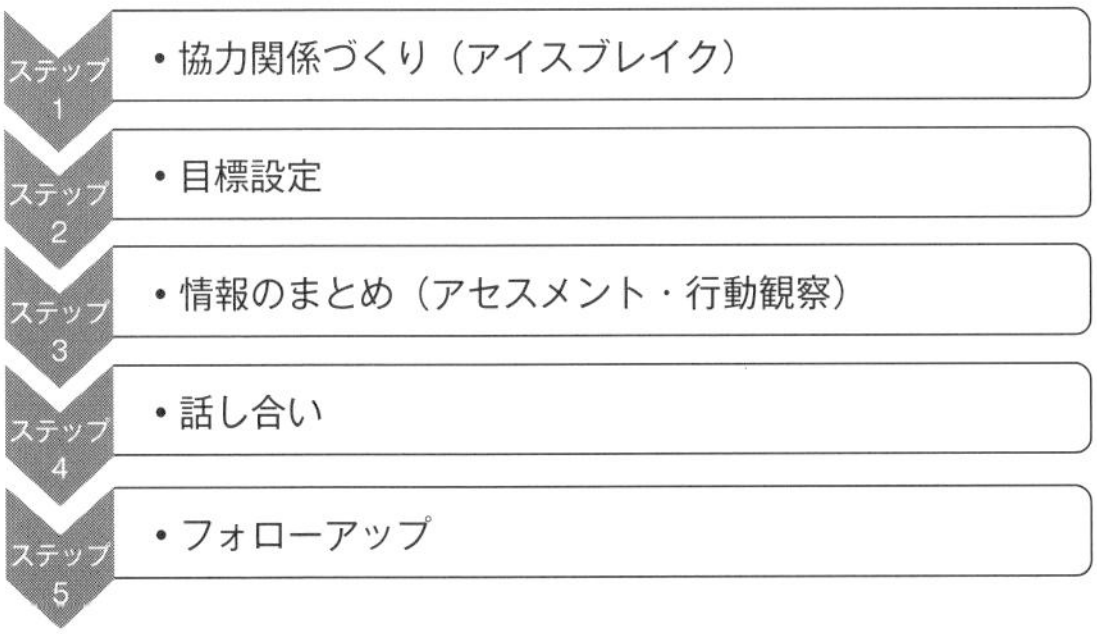


図 1-2　アウトリーチ型支援における巡回相談プロセス

す。しかし、巡回相談におけるアイスブレイクはそれだけではありません。保護者や先生を元気づけ、問題解決の主体になるように育み、巡回相談が成功するための、大事な下準備の段階となるのです。

アイスブレイクは、本題に入れないほどに夢中になりすぎてもいけませんが、巡回相談の成否に直接つながるといっても過言ではないほど、非常に重要な段階であると言えます。私の主観的な印象では、アイスブレイクが上手く行きさえすれば、その後の段階は自然に進むと感じています。次に、アイスブレイクの三つのプロセスについて説明します。

**①コミュニケーションのパターンを作る**：巡回相談を行う際に、この段階ではっきりと認識しておかなければならないことがあります。それは、巡回相談はあくまでコンサルテーション（助言）であり、問題解決の主体は、幼稚園・小学校の先生であるということで、巡回相談を行う医師や心理職ではない、ということです。巡回相談を行う医師や心理職は質問されて答える、というコミュニケーション・パターンに陥らないようにしなくてはなりません。先生たちから発せられる言葉が「○○のような場合、どうしたらいいですか？」という質問ばかりになっていたとしたら、アイスブレイクの目的は果たされていないことになります。なぜなら、医師や心理職のほうからどんどん質問して、先生たちが自ら考えて解決を見つけるように促すことが望ましいからです。そのパターンを作るためにも、医師や心理職は、他愛もないことを話す

中で何気ない形で質問をし、先生に考えて答えてもらうやり取りを最初に繰り返しておくのです。このようにして、幼稚園・小学校の先生が、問題解決に主体となって関わる雰囲気を醸成することが重要となるのです。

**②「地雷」になる話題のヒントを得る**：他愛もない雑談とは、天気の話、最寄りの駅から幼稚園や小学校に着くまでの道で見た商店や飲食店の話、地域のプロ野球やプロサッカー・チームの話、近くのおいしい飲食店を教えてもらう等でかまいません。そして、答えてくれたことを否定せずに聞き、ときおり医師や心理職の好きなものの話を織り交ぜます。先生のプライベートな話まで、踏み込んで聞く必要はありません。それでも先生たちの生活が垣間見え、好きなこと・嫌いなことが分かり、踏み込むと危険な、いわゆる「地雷」の話題につながるヒントが得られます。また、幼稚園・小学校の先生に、巡回相談に来た医師や心理職が、専門家であると同時に人並に好き嫌いのある一人の人間として身近に感じてもらうことで、心の構えを取るという狙いもあります。

**③リソース（自助資源・援助資源）に目を向ける**：さらに私が行っているのは、その場で見つけた保護者や幼稚園・小学校の先生が問題解決に使えそうだと思われるリソースを、他愛もない雑談の中に忍ばせることです。たとえば、巡回先の幼稚園や小学校で子どもたちがグループで遊んでいる様子を見たら、「楽しそうに遊んでいていいですね。」と伝えますし、保護者や先生が私たちにあいさつの声をかけてくれたら、「（保護者や先生に）とても気持ちよくあいさ

つしていただきました。」などと話しておきます。楽しそうに遊ぶ子どもは、新しいタイプの問題をもつ子どもの助けになる潜在的な可能性がありますし、あいさつの声をかけてくださる保護者や先生は、困難に直面している先生に対する精神的なサポート源となり得ます。素晴らしい遊具や施設を褒めて先生が喜ぶようなら、成功と言えます。新しいタイプの問題をもつ子どもも含め、子どもたちは遊具や施設の中で人間関係を育みます。このようなリソースに目を向けられるように、雑談の中で自然に仕向けるのです。リソースが増えれば、先生たちは仕事の負担が減り、ゆとりが生まれ、継続的に元気づけられるのです。

このように、アイスブレイクと一口に言っても、単に緊張を和らげてお互いに打ち解けるきっかけを作ることだけが目的ではないのです。

a．巡回相談を行う医師・心理職が質問して先生が考えて答えるというコミュニケーション・パターンの基礎を作り
b．先生が問題解決の主体となれるように促し
c．先生の「地雷」の話題を知り
d．先生がリソースに目を向けられるように仕向け
e．先生のゆとりを育むといった五つの目的があるのです。そして、このように話を展開で

きる医師と心理職を、先生は歓迎し、関係を継続しようとしてくれます。医師・心理職と先生という関係も、保護者と専門家の関係も、本を正せば人と人との関係なのです。

## (2) ステップ2：目標設定

ここからいよいよ、援助者（医師・心理職）は、幼稚園・小学校の先生や保護者が子どもの問題を具体的な行動で説明できるよう配慮しながら質問や要約をし、問題点を明らかにしていきます。たとえば、小学一年生のA男くんに関するコンサルテーションで、小学校の先生から「授業中、困っています。」という訴えがあったとしましょう。それに対して援助者は、「もう少し具体的に説明してもらえませんか。」と詳しく聞いていきます。その結果、A男くんの問題として、二学期の最初から算数の授業にまったく取り組まないで、立ち歩いているということが、行動レベルで明らかになりました。

ここで重要なことは、このステップでは問題状況の解決へ向けて、当面の目標設定をするということです。援助者は、先生の子どもへの関わりにおける問題状況の解決を援助する存在です。したがって、子どもの問題状況の把握と、先生や保護者の関わり方を検討してもらうことを目的とし助言を行います。つまり、A男くんの立ち歩きをどう理解して、どう関わるかが助言のポイントとなります。その結果、たとえば、A男くんの支援における仮の目標として「算数の授業に取り組み、離席しないこと。」が設定されます。ただし、仮の目標設定の良し悪しは、十分な情報を得られた後に明らかになるものなので、当面のものと考えてください。

## (3) ステップ3：情報のまとめ（アセスメント・行動観察）

**①問題となる行動・言動とともに先生の対応も聞き取る：**聞き取りでは、保護者・幼稚園・小学校の先生が対応に苦慮している子どもの様子を聞きます。このときに注意することは、問題となっている子どもの行動・言動を明らかにするとともに、それに対して先生が行っている対応方法も、セットで明確にしておくことです。その中には、上手くいっている対応、誤っているが惜しい対応などがあります。このような話が、より良い支援方法を考える際のヒントになることが多くあります。私の経験では、保護者や先生の対応の中で、大半が上手くいっていて、少数の上手くいっていないことが残されている、ということが多くあると思っています。

**②いつ・どこでその行動・言動が起きているのかを明らかにするため、必ず時間帯ごとに聞き取る：**行動・言動の問題を明確にするために、ある一日を取り上げて、朝に登園・通学してから帰るまで、時間帯ごとに対象の子どもの行動・言動について聞き取りを行います。困り果てている先生は、「ずっと上手くいかないんです。」と言ったりしますが、それを鵜呑みにしてはいけません。ここをていねいに聞き取り、問題を明らかにするのが、援助者の役目です。

では、どのように聞いていくのか、実際の質問例をあげると、

a．登園・通学してきたときの様子はどうなのか
b．クラスメイトと会ったときはどうなのか
c．午前の活動中や授業はどうなのか
d．自由時間や休み時間はどうなのか
e．昼食時はどうなのか
f．昼寝があればその時間はどうなのか
g．午後の活動中や授業はどうなのか
h．帰りの様子はどうなのか

などがあります。

このように時間帯ごとに聞き取ると、問題はある特定の時間帯に起こり、それ以外の時間帯には起きていないといったことも明確になります。つまり、「ずっと上手くいっていない。」という認識は間違っていて、一日の中で問題が起きるのは、ある特定の条件がそろった時間帯に限られていることが分かるのです。そして、問題が起きていない時間帯は、どうして問題が起きていないのか、その理由を明確にするよう試みることも忘れてはいけません。たとえば、しゃ

べり出すと止まらない子が、「図工」の時間には黙って作業できることが分かったとしたら、『図工』の何がその子にとっていいのか。」「どうして図工ではそうできるのか。」と先生に問いかけます。このような問いかけに対して、その場で答えが出なくても構いません。聞かれた先生の中に疑問が残り、場面を想像して、解決につながるひらめきを生む、きっかけとなり得ることに意味があるのです。たとえすべての授業を「図工」にすることができなくても、「図工」以外の教科の時間にも使える対応が生まれる可能性が考えられます。

**③上手くいった対応を聞き取り、そのことを褒める：**これらの時間帯について、問題となる行動・言動とともに、先生だけでなく、周りの子どもの関わりや対応、保護者の対応も聞き取ります。それぞれの対応の中で、どの対応が上手くいったのか、どうして上手くいったのか、その後どのような成り行きとなったのか、質問を重ねて明確化していきます。ここで、上手くいった対応を思いついたり、実行したりしたことを褒めてあげてください。うまくいった対応の中で、保護者や先生は自らの対応に自信を深め、頼りになるクラスメイトの子どもが分かり、上手い対応をどのように引き出せばいいのか、分かってくるようになるのです。

**④上手くいかない場面も聞き取り、その対応を労う：**上手く行かない場面を聞き取るには、以下の三つを明確にする必要があります。

それは、

a．先行状況
b．問題となる言動
c．その後の結果

この三点です。以下にそれぞれを説明します。

「先行状況」とは、問題となる子どもの言動が生じた状況のことを言います。発達障害傾向があっても、問題となる子どもの言動は、特定の状況下で起こりやすく、別の状況下では起こりにくいという特徴があることが少なくありません。自由時間や休み時間に友だちとのコミュニケーションが上手くいかない子でも、保護者や先生がそばにいたり、ある特定の友だちが相手であったりするときなどでは、比較的混乱せずに話せたりすることがあります。そのため、問題が一番ひどかった状況と、そこまでひどくならずに済んだ状況とを比較しながら、聞き取りを進めることをします。たとえば、「一番ひどかったときはどういう状況のときでしたか」という質問と、「そこまでひどくならずに済んだときはどういう状況のときでしたか」という質問をペアで必ず聞きます。そして、「いつ」「どこで」「誰と一緒のとき」「何をしていたとき」をキーワードに聞き取りを進めると、解決につながるヒントが見つかることが多くあります。

「問題となる言動」については、子どもが行ったこと・言った言葉について、ビデオカメラで撮影して再生した映像を一緒に見ているようにして聞き取ります。「友だちを叩いた」という

行動にしても、

「右手でこぶしを作って、走りながら逃げる友だちを、追いかけて叩いた。」

「話していたら、突然切れて、右手でパンチした。」

この二つの描写は質的に異なります。前者は、逃げる動作に対して追いかけるというやり取りがあるのに対し、後者の方は切迫感があり、衝動性が強く、危険と言えます。

そして「問題となる言動」のプロセスでは、まさに問題となる言動について危険性を評価し、緊急的な対応や医学的措置が必要なのか否かを判断する材料となるのです。

「その後の結果」とは、「問題となる言動」が生じたあとの、周囲の反応のことを言います。問題となる言動が生じたあとに、周囲が、何らかの反応を示したのか、もしくは無反応であったのかによって、子どもの様子は変わってきます。子どもによっては、周囲の反応があることが契機となって、同様の問題となる言動が増える場合もあれば、少なくなる場合もあります。また周囲が無反応であるばかりに、問題となる言動がエスカレートすることもありますし、かえって沈静化することもあります。「その後の結果」では、周囲の反応と子どものその後の様子の関連を紐解いていくのです。その中で、周囲の反応として続けたらいい反応と、やめた方がいい反応を弁別していきます。弁別して明らかになったことは、（4）の話し合いの際に、学校へのコンサルテーションの話題として活用すると有用です。

**⑤行動観察：**行動観察では、対象となる子どもの行動を二つに分類します。一つ目は、増え

てほしい子どもの言動、二つ目は、できれば減って欲しい言動です。この二つを、a．先行状況、b．問題となる言動、c．その後の結果という、三つの枠組みで整理します。増えて欲しい言動も、できれば減って欲しい言動も、観察して整理すると、特定の先行状況のもとに起きていることがはっきりしてきます。

たとえば、一方的に話し続けてしまい、クラスメイトを白けさせてしまう子どもがいるとします。その子どもが、ある休み時間には、自分の話を途中でやめてクラスメイトの話を聞いていることがあったとしたら、これは、その子の増えて欲しい言動に分類されます。そこで、前述の④で説明したように、a．先行状況、b．問題となる言動、c．その後の結果について、視点を移すのです。

## ⑷ステップ4：話し合い

援助者と、小学校の先生や保護者は、問題状況についての情報をまとめたら、次に問題解決のための目標を設定します。ここで、ステップ2の仮の目標が修正されることもあります。たとえば、前述した小学一年生のA男くんの担任への助言において、初期の目標は「授業に取り組み、離席をしないこと」でした。しかし、情報をまとめた結果、A男くんの算数に取り組まないことの背景として、計算がとても苦手である（LDの可能性がある）ことがあると分かり、援助目標を、A男くんが「離席をしないこと」に修正する、ということもありえるわけです。また、このときに、たとえばA男くんは厳しい家庭環境で暮らしているため学校での友達がリソースになっていること、担任の先生とはよく話しをすることなど、対象児童のリソースが何かを確認することを忘れてはいけません。

### (5) ステップ5：フォローアップ

問題解決案の実践を予定した期間で行った後に、目標を基準にしてその評価を行います。そして、必要に応じて問題解決案の修正や、新たな援助案の選択を行います。その際、1～5のステップをもう一度やってみると良いでしょう。仮に、援助案が成功していても、短時間でもいいので、適度にフォローアップの期間をもつようにすることも良いと思われます。

## 3 なぜアウトリーチ型支援が有効なのか

~幼稚園の巡回現場から考える~

## （1）保護者に誰が何をどう伝えるかが明確になる

幼児期は可能性がある時期だからこそ、子どもの苦手なことが見えにくいといえます。保護者は、子どもの苦手なところを何となく感じたとしても、認めたくない気持ちを抱きますし、幼稚園の先生も、心配に感じるところがあっても、保護者にどのように伝えたら良いか迷うことが往々にしてあります。このように、子どもの様子についてどのように伝えて理解を深めるか、という問題を解決できるのも、アウトリーチ型支援の長所です。

たとえば、幼稚園の先生から「医療機関に行って、診てもらってください」と安易に伝えてしまうことで、保護者との信頼関係が崩れてしまう場合があるかもしれない、と相談を受けることがあります。そうした場合に、心理職に仲介役をしてもらい、先生が自分で言う代わりに「言いづらいこと」を言ってもらうと、信頼関係を壊さずに、幼稚園の先生が感じたことや考えていることを伝えることができるのです。

アウトリーチ型支援では、多様な専門性をもつ人同士が話し合いますので、「これは、私たちは言いにくいので、カウンセラーの方から伝えてください。」などといったように、誰が伝えるのがいいのかということを検討・選択できることもメリットです。

また、子どもについて気になったことを伝える際に留意しておくべきこととして、全てを伝えるのではなく、伝えない方がいいことは言わなくてもいい場合もあるということです。そのためには、支援者同士で事前に情報共有を行い、どの情報を伝えるべきか、伝えるべきではないか、また、どのように伝えるのがよいか、といったことについて話し合うのがよいでしょう。

一人の子どもについてであっても、医師と心理職とで意見が異なることもありますが、それぞれの立場で感じたことについて意見交換し、尊重し合うことが大切です。この他にも、子どもにとってのより良い対応を考える上で、外部の専門家を使うことは非常にメリットが多く、それこそがチームで支援することの意味だと考えます。以下で、そのメリットについて、詳しく説明していきます。

## (2) 普段関わりのない支援者相手だからこそ保護者が話せることがある

外部の専門家を使うメリットとして、普段関わっている支援者とは違った関係性やニーズを期待されるという側面があるといえます。たとえば、普段接している幼稚園の先生には話してこなかったことを、巡回相談に来た支援者には話す、という保護者が実際にいます。こうした保護者の心理には、幼稚園の先生に対して、クラスの担任としてずっとわが子を見守ってくれているという安心感を抱く一方で、相談することで「何か問題がある子どもだという目で、自分の子を見られてしまったら。」などと不安に思い、話しづらく感じている可能性があります。

この場合、アウトリーチ型支援のメンバー(医師・心理職など)に対しては、「今日一日だけ来ている人たちだから、困っていることを相談しても大丈夫」という安心感を得てもらえることがあります。普段、子どもに関わっている先生に対してだからこそ話したいこと、普段関わることはない上に、専門的な知識をもっている人だからこそ、聞いてみたいことがあるのは当然のことといえます。こうした保護者の心理的なハードルを考慮して支援を行うことが、メンバーには求められます。このような保護者のニーズに柔軟に寄り添い、それぞれの立場から役割を分担してサポートできることが、アウトリーチ型支援の大きなメリットです。

## (3) 診断をつけることのメリット・デメリット両面をその場で考えられる

アウトリーチ型支援で心理職と医師が現場に出向くと、配慮を要する子どもへの関わりについて、「困り感」を大きく抱いている先生の中には、「この子はＡＤ／ＨＤなのか、愛着障害なのか、見てください。」などと、いきなり診断について尋ねてくる方もいます。診断名から子どものことを少しでも理解して、適切な支援につなげたいという思いからであると考えられますが、診断名を求めることには、メリットとデメリットの両方があるのは、知っておかなければなりません。

まず、メリットとして、チームのメンバーの役割分担を明確にして、支援をスタートさせることができるという点があげられます。これについて小児科医で発達障害についても研究されている宮本信也氏（現　白百合女子大学教授）と話した中で次のような指摘がありました。たとえば「ＡＤ／ＨＤです。」と診断するまでが医師の役割で、そこから、ＡＤ／ＨＤの子どもに合わせた教育支援プログラムを作成するのは教育・保育職の役割、また、心理的ケアをするのは心理職の役割というように、診断によって、それぞれの支援の方向性・役割がはっきりしてくるというメリットがあるというのです。

その一方で、デメリットとしては、診断がつくことと、レッテルを貼ることとが同義になってしまう可能性があるということです。前述の通り、十分な対応や連携がされにくい環境の場合、診断名にとらわれ、その子自身の課題や必要な配慮について、考えることをしなくなってしまうデメリットがあるのです。特に、学校現場でありがちなこととして、「この子は、ＡＤ／ＨＤだから、私たちの関わり方がまずいのではない。」「指導がうまくいかないのは、この子の発達障害のせい。」というように、「教育放棄」になりかねない考え方は、厳に慎まなければなりません。

日々の関わりに悩んでいる支援者だからこそ、「発達障害」と診断名がつくと安心するということはあるかもしれません。特に、一度に多くの子どもを支援し、限られた時間内で、個別に対応することが求められる担任の先生という立場では、診断によって、一つの関わり方の方向性が示されるという側面があるのも事実です。

## （4）診断を待たずに支援をスタートすることができる

しかし、「発達障害」の診断を待つことには、次のような危険性がないでしょうか。外部の支援者が医療機関への受診を勧め、保護者が病院につながることができるようになるまで、数か月間待たされることもあります。その間、普段子どもと関わっている先生が、その子を「発達障害の可能性があるため、診断されるまでは余計な対応をしない方がよいだろう。」と、これまで通りに接し続けてしまったら……。

このような場合に、アウトリーチ型支援で現場に出向いた医師が、「発達障害の可能性はあるとしても、まずは環境調整などの支援をしてみましょう。」といった、対応の工夫を先生に伝えられれば、診断ありきで対応する支援でなく、その子に応じた支援の仕方を考え、工夫する方向に、視点を転換することができるのです。それにより診断を待つのではなく、早期から支援がスタートし、その子はより良い環境で生活することができるようになります。

重要なことは、診断名があっても無くても、その子にとって必要な支援が何かを考え、実行していくことなのです。医師は医学的な知識はあっても、個々に応じた教育プログラムを作成することは不得意です。そのため、先生をはじめとする支援者には、どのようなプラスアルファの支援をすれば、その子がより良い生活を送ることができる環境をつくれるのかを、考え続けることが求められます。

したがって、アウトリーチ型支援で、医師と心理職が現場に出向くことの意義は、診断名の目途をつけて支援の方法を考えることにあるのではなく、子どもの問題や個性に応じた支援の必要性や方向性をその場で明らかにし、早期の環境調整や関わり方、対応の改善などといった、支援に取り組める条件を整えることにあるといえます。

## (5) アウトリーチ型支援における活動が促進される要因

ここまで、アウトリーチ型支援の意義やメリットを述べてきましたが、円滑に連携を図るには、支援者同士が信頼関係を築くことが重要です。とくに、巡回相談に出向く心理職や医師は、訪問先である教育現場に普段はいない外部の人間であるため、関係づくりには十分に配慮する必要があります。

山口・久保田(二〇一九)は、幼稚園へのアウトリーチ後に行った教職員へのインタビューをもとに、アウトリーチ型支援における活動が促進される要因の仮説モデルを明らかにしています(図1―3)。これによると、「アウトリーチへの肯定的評価」や「継続的支援への肯定的評価」、「支援者の受容的態度」など、現場の教育者からの肯定的評価が、「保護者の信頼の獲得」につながり、そしてこれが、幼稚園と保護者双方による〈支援者への肯定的評価〉を形成していることが分かりました。また、支援者が〈幼稚園の方針の理解〉をすることは、〈支援者へ

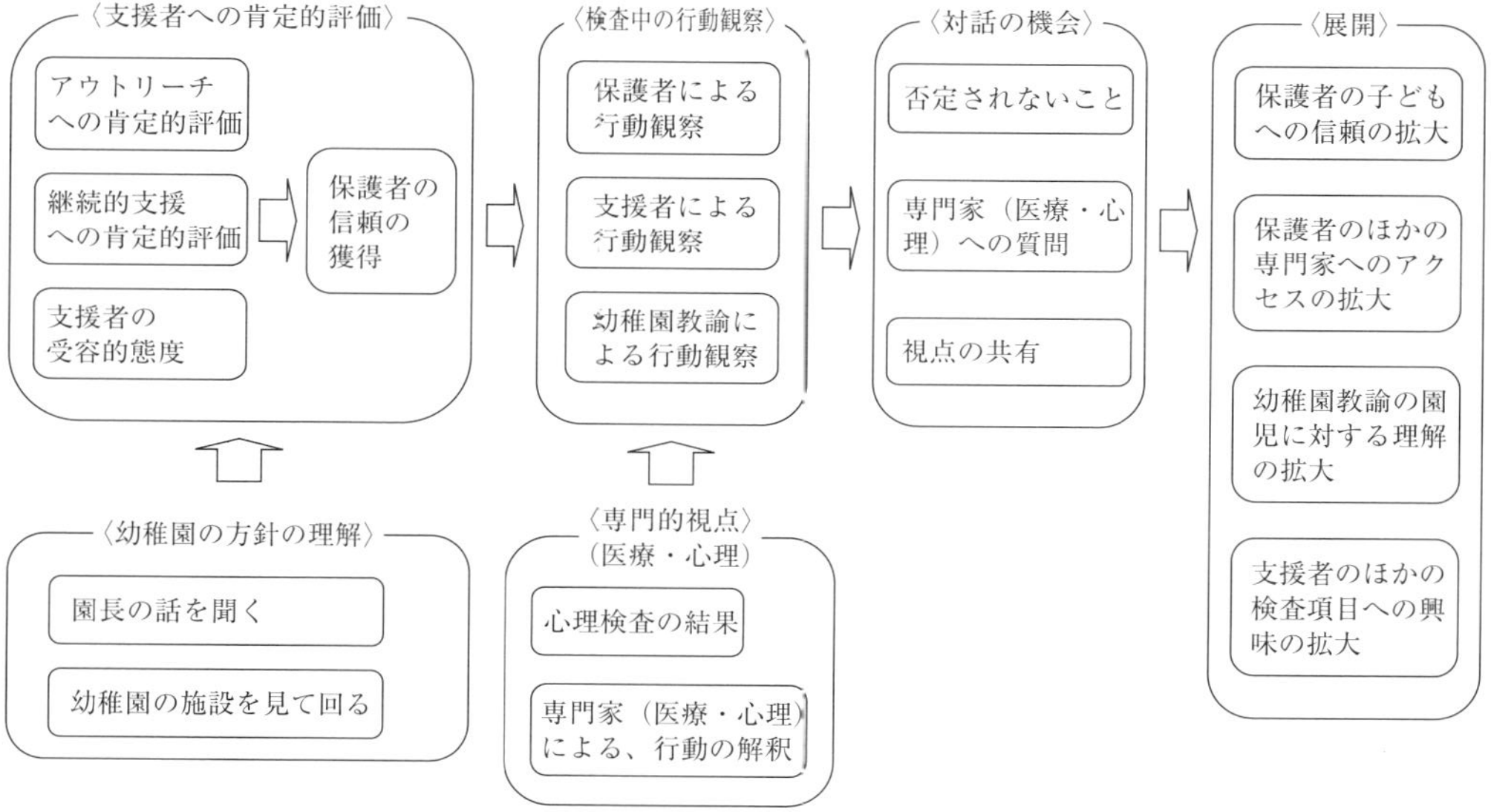


図 1-3　アウトリーチ活動を促進させる要因の仮説的モデル（山口・久保田、2019）

の肯定的評価〉に影響を与えていたことも分かりました。

そして、このアウトリーチ型支援の最大の特徴の一つである、現場でのアセスメント〈心理・知能検査など〉は、活動を促進するための大きな要因となっています。本研究のケースでは、変則的ですが、幼稚園の都合により園長室で検査が行われました。検査には、子どもの心理的安定のため、保護者と幼稚園の先生も同席し、医師も行動観察のため立ち会っています。このようにその場で〈専門的視点〉（医療・心理）が入ると、保護者や幼稚園の先生の〈検査中の行動観察〉にも影響を与え、本人をとりまく幼稚園―保護者―支援者、三者の〈対話の機会〉が開かれます。それがひいては、「保護者の子どもへの信頼の拡大」や、「保護者のほかの専門家へのアクセスの拡大」などに〈展開〉し、さらなる支援へとつながるのです。

しかし、心理検査が〈支援者への肯定的評価〉の中で行われるとはいえ、知能検査などは問題の難しさもあり、すべてがうまく実施できないこともあります。そのような場合であっても、園児、保護者や幼稚園の先生との間に不信感が生じることはありませんでした。なぜなら、心理検査は単に園児の能力や特性を明らかにする「ツール」ではなく、心理検査場面での園児の様子が保護者や幼稚園の先生と支援者との間で、リアルタイムに共有される場となるからです。

心理検査場面に同席者がいる意義は、ほかにもあります。同席した幼稚園の先生は「園児が検査用具に書いてある文字を読む様子には驚いた。」と語っているのを聞いたことがあります（「幼稚園教諭による行動観察」）。つまり、普段、園の生活で接する遊具とは異なる検査用具の扱いから、今まで知らなかった園児の優れた能力を発見する場となることも、アウトリーチ型支援で分かったのです。

また、心理検査中の「保護者による行動観察」にも同様に意義があります。園児が普段の生活にいない支援者と接する場面を見ることで、どのように他の人に慣れていくのかを観察することができるのです。さらに、心理検査のその場に母親などの養育者がいることで、支援者は家庭での園児の情報を聞くことができるため、それが心理検査結果の解釈に大きな利点となることも明らかになっています。

アウトリーチ型支援は数回の訪問で行われますが、〈支援者への肯定的評価〉はそのための基盤となります。この研究モデル（山口・久保田、二〇一九）において、支援者の一人である医師は定期的に開催される〃障害児の親の会〃に参画しており、これは「継続的支援への肯定的評価」につながりました。アウトリーチ型支援を続けていくためには、その場限りではなく、メンバーが折に触れ幼稚園とのつながりを深めることが大切です。

また〈支援者への肯定的評価〉を得るためには、支援者が〈幼稚園の方針の理解〉を十分にすることが欠かせません。先に述べた支援メンバーの医師は、〃障害児の親の会〃を通してその幼稚園の園長とコミュニケーションを重ね、幼稚園の理念や方針について理解を深めていました。

さらに、実際の心理検査場面や見立ての対話でも、幼稚園の方針を知る機会があります。支援者メンバーの一人である心理職も、検査結果のフィードバックの場面で、園の方針を聞いたことがありました。それは、『身体を動かして体験をする中で学びを得て欲しい。』、『障害をもつ園児ともたない園児が触れ合う中で体験をして理解を深めて欲しい。』というものでした。このような理念や方針のもと建てられた園舎を見て、理念が具体的に、どのように園児に影響を与えているのかを知ることができました。

こうして園の方針を理解することは、〈支援者への肯定的評価〉の素地になるだけではない、重要な意味があります。なぜなら、この園で掲げられる方針のもと行われる活動で、園児は心理検査では測定しきれない能力を獲得している可能性があるからです。心理検査、知能検査などによって特性を明らかにすることも大切ですが、そこに表れない個性を知るには、その子が普段、どのような環境で生活しているのかなど、あらゆる観点から情報を得る必要があるといえます。

その場だけではない関わりは、幼稚園の先生に「支援者の受容的態度」を感じてもらうチャンスとなり、ひいては保護者に幼稚園の先生を通じて、間接的に支援者への安心感をもってもらえるきっかけにもなります（「保護者の信頼の獲得」）。そして、別の園児に対して初回の訪問で心理検査を実施するような場合にも、〈支援者への肯定的評価〉が心理的ハードルを下げることにつながると考えられるのです。

以上のようなモデルは、小・中学校をはじめ様々な現場に応用できるものと感じますが、インタビュー調査によって明らかになったアウトリーチ型支援の最大の意義は、なにより**「こちらから出向く」という積極性、そして心理職や医師の人柄が、現場の先生方に好印象を与えている**ということです。そして、支援チームが組織からの信頼を得られれば、その組織に関係する人たち、今回の場合で言えば園児の保護者からも、信頼を得ることにつながります。その結果、現場ではなかなか実施しづらいこともある心理検査がスムーズに行われ、心理検査のフィードバックや保護者とのコミュニケーションが円滑になり、園児にとっての資源（リソース）になっていくのです。

## 4 学校でのアウトリーチ型支援に役立つ情報共有ツール
～みんなが資源、みんなで支援～

### (1) チームで子どもを支援する理由

繰り返しになりますが、アウトリーチ型支援の最大の長所は、専門家（医師・心理職など）が一団となって幼稚園や小学校に出向いて支援する点です。これは、「ネットワーク型チーム援助」（図1－4：石隈・田村、二〇〇三）にもつながるモデルです。つまり、教育・医療・

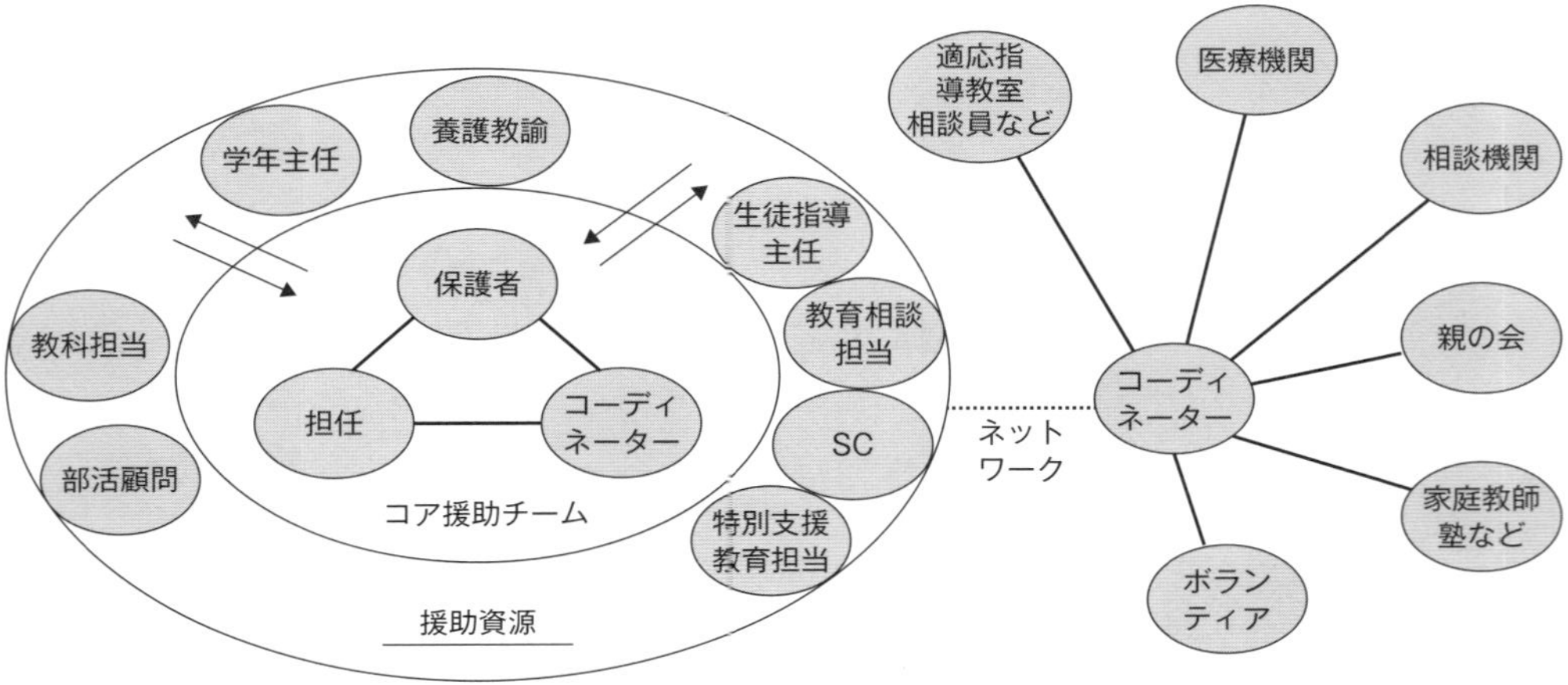


図 1-4　ネットワーク型チーム援助の例（石隈・田村、2003）

心理による「チーム援助」なのです。

我が国の学校現場を、例に説明しましょう。現在、学校ではいじめや不登校、暴力行為などが増加しているというデータがあります（文部科学省、二〇一九）。さらに、近年では発達障害に対する注目が高まり、発達障害または発達障害傾向を有する、特別な支援を必要とする児童生徒が増加しており（文部科学省、二〇一二）、学校現場における課題が複雑化、多様化しています。しかし、その課題に対応する教師は、教科指導から生徒指導など幅広い業務を担っているため、十分に対応することが難しいのが現状です。さらに、教師の専門性だけでは対応に苦慮したり、学級担任による個別の対応だけでは十分ではなかったりする実情もあります（文部科学省、二〇一五）。

そのため、「ネットワーク型チーム援助」のように、教師と心理職・医師をはじめとする多様な専門性をもつメンバーが集まり、それぞれの専門性を活かして、連携・協働して問題の解決に取り組むことのできる「チームとしての学校（チーム学校）」の推進が求められています。

このように、様々な立場の支援者が一つのチームとなって子どもの支援に当たる場合、いかに円滑に情報共有を行えるかがポイントになります。ここで、円滑な情報共有を実現する上での課題が、大きく分けて二つあげられます。一つ目は、教師の「イラショナル・ビリーフ（不合理な信念）」です。そして二つ目は、スムーズな情報共有の方法や体制を整えることです。

ただし実際には、様々な立場の人が連携するということは、難しいことです。たとえば、スクールカウンセラーのように月二回ほど学校に来る支援者とは、どのように情報共有の機会をつくればいいのかといったことなどをはじめ、様々な専門性をもち、それぞれのタイミングで支援をしている人たちがうまく連携するためには、工夫が必要になるでしょう。

## (2) 管理職が知っておきたい 円滑な連携のためのチームづくり

①主任の役割：アウトリーチ型支援が十分な効果を上げるためには、対象の子どもの現状やリソース（自助資源・援助資源）、目標などを明確にし、計画を立てることが重要と考えます。その計画をもとに、誰が、いつ、どのように支援を行うかを具体化することで、役割分担ができて、さらには臨機応変な対応ができるようになります（石隈・田村、二〇一八）。それにあたり、主任（コーディネーター）の選出は、管理職（園長・校長など）の重要な仕事になってきます。主任は、校内体制や外部の専門機関などとの連絡・調整にあたるコーディネーター役です。そのため、支援に十分な識見と経験を有する先生を選出することが望ましく、保健の先生や特別支援教育コーディネーターがこれを兼ねたりするなど、それぞれの学校の実状による柔軟な対応が求められます（文部科学省、二〇一〇）。主任のコーディネートのもと、協働して子どもの支援を行っていくことが求められるのです。

②援助体制モデル：学校心理学では、子どもの援助システムにおいて、「個別の援助チーム」、「コーディネーション委員会」、「マネジメント委員会」という三段階の援助体制モデルを提唱しています（家近、二〇一六：図1―5）。まず、「個別の援助チーム」とは、特別な援助ニーズのある特定の子どもの学校生活における問題を解決・援助するためのもので、学級担任や保護者、コーディネーターなどから構成されます（石隈、二〇一六）。続いて「コーディネーション委員会」とは、学年・学校・地域レベルで援助サービスのコーディネーションを行うもので、学校内外の援助資源の調整と連携を行いながら、援助サービスの充実を図る委員会のことです（石隈、二〇一六）。そして、「マネジメント委員会（運営委員会など）」は、園・学校全体の教育活動のマネジメントを行うもので、危機管理も含まれ、「情報共有・問題解決」「教育活動の評価と見直し」「校長の意志の共有」の機能があります（山口・石隈、二〇〇九）。

このように、援助対象の子どもに応じて援助チームを形成していきます。園長・校長のリーダーシップのもと、「マネジメント委員会」が充実していることが重要であると言えます。「マネジメント委員会」が充実・促進されることで、園長・校長の意思が主任層から一般教員に伝わってチーム援助が促進されます。体制が整い、チーム援助体制が整うことでチーム援助行動、つまり「チーム学校」が推進されます（山口・樽木・家近・石隈、二〇一一：図1―6）。そのようにして園・学校全体が一つの組織として機能していくことが求められ、そして、アウトリーチ型支援が実現・促進されるのです。

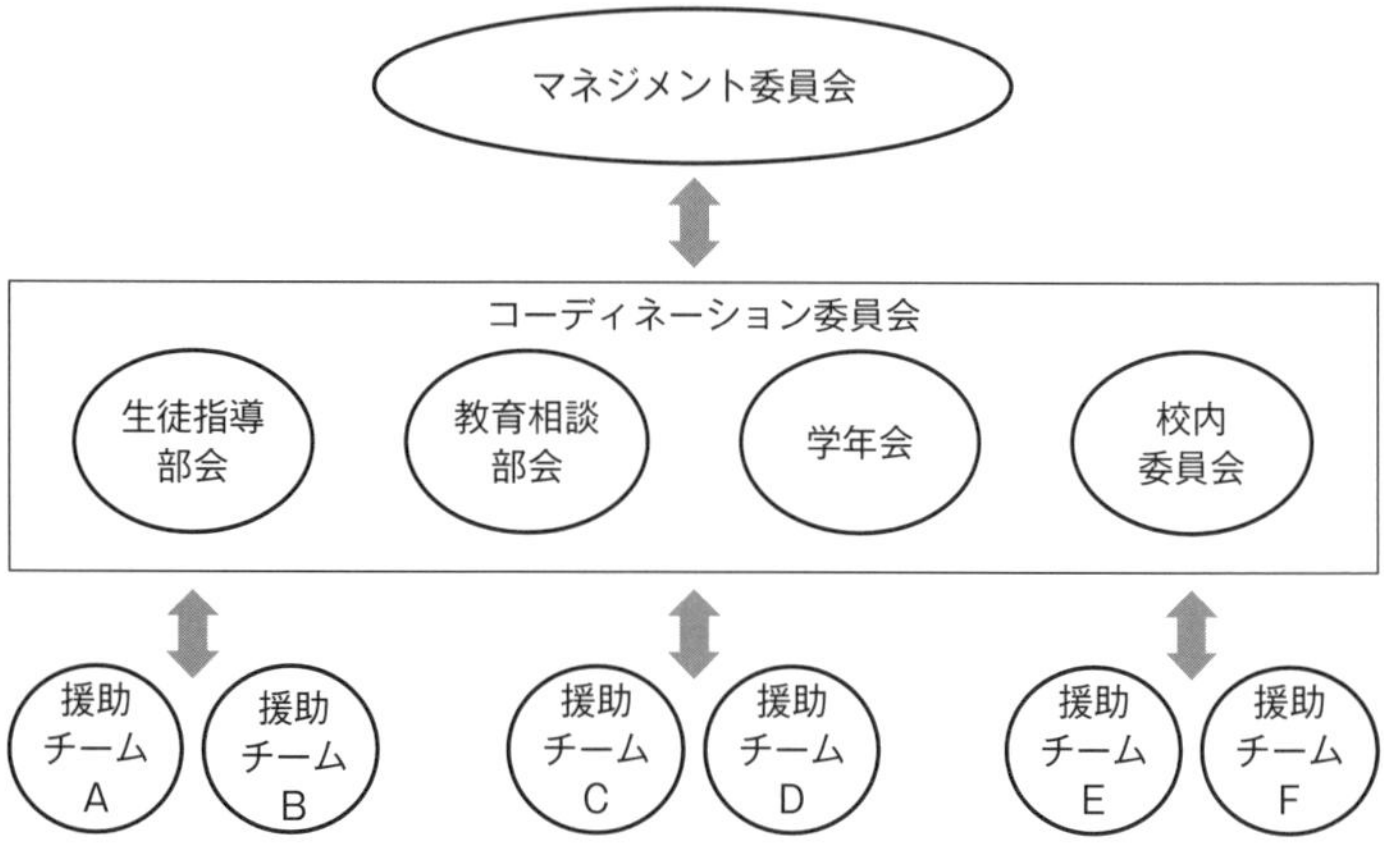


図 1-5　校内の 3 段階の援助チーム（家近、2016）

図 1-6　マネジメント委員会の機能が及ぼす影響関係
（山口ら、2011）

## (3) ツール①援助資源チェックシート

ここで、上述のような支援チーム内で、円滑に情報共有するためのツールをいくつか紹介したいと思います。

まず、支援の対象となっている児童生徒がもつ、「学校」、「家庭」、「地域」の援助資源（児童生徒の支援に援助的に機能する人・場所など）を一目で確認できるようにするための「援助資源チェックシート」です（石隈・田村、二〇一八：図1―7）。このシートに記入をすることで、その児童生徒の支援者になり得る存在を一目で確認できるため、必要に応じて誰と情報共有や支援方法の相談、連携を行うと良いのかを検討するために役立ちます（石隈・田村、二〇一八）。

## (4) ツール②援助チームシート

「援助チームシート」は、児童生徒に対するチーム援助の中で使用することで、その児童生徒の現状やリソース、発達段階にあった短期的・長期的な目標などが可視化され、より具体的で現実的で、実現可能な支援を即座に導入できるツールです（石隈・田村、二〇一八：図1―8）。この、「援助チームシート」の活用により、児童生徒のアセスメントが可能になるだけでなく、

## 田村・石隈式 【援助資源チェックシート】

記入日　　　　年　　　月　　　日

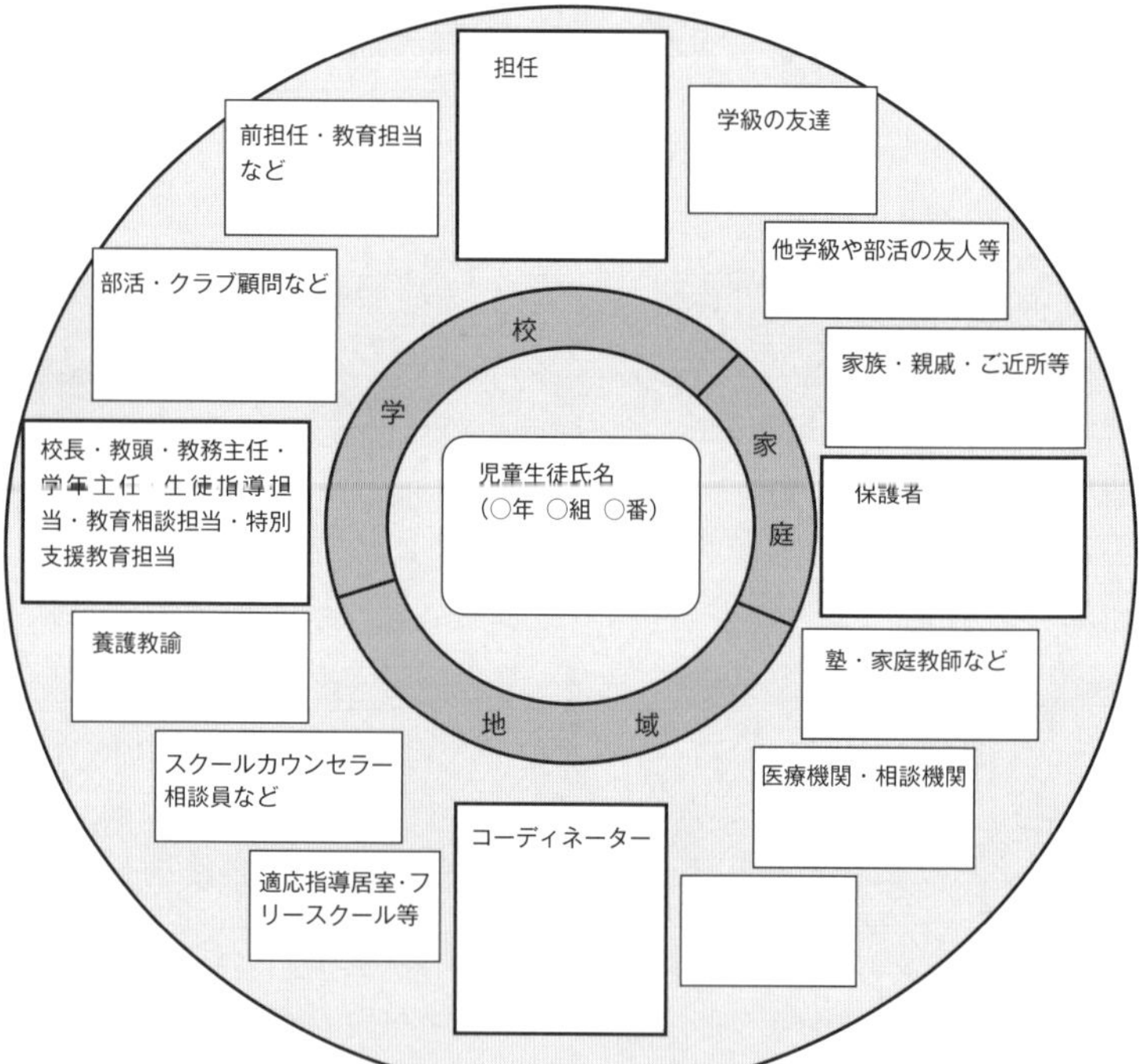


引用：石隈利紀・山口豊一・田村節子編著『チーム援助で子どもとのかかわりが変わる　学校心理学に基づく実践事例集』
ほんの森出版；田村節子・石隈利紀著『石隈・田村式援助シートによる実践チーム援助　特別支援教育編』図書文化



図 1-7　援助資源チェックシート（石隈・田村、2018）

【石隈・田村式　援助チームシート　4領域版】　実施日　：平成　年　月　日(　)　時　分～　時　分　第1回
次回予定：平成　年　月　日(　)　時　分～　時　分　第2回
出席者名

苦戦していること（　　　　　　　　　　　　　　　　　　　　　　　　）

| 児童生徒氏名<br>年　組　番<br><br>担任氏名 | | 学習面<br>（学習状況）<br>（学習スタイル）<br>（学力）<br>など | 心理・社会面<br>（情緒面）<br>（ストレス対処スタイル）<br>（人間関係）<br>など | 進路面<br>（得意なことや趣味）<br>（将来の夢や計画）<br>（進路希望）<br>など | 健康面<br>（健康状況）<br>（身体面での様子）<br>など |
|---|---|---|---|---|---|
| 情報のまとめ | （A）<br>いいところ<br>子どもの自助資源 | | | | |
| | （B）<br>気になるところ<br>援助が必要なところ | | | | |
| | （C）<br>してみたこと<br>今まで行った、あるいは今行っている援助とその結果 | | | | |
| | （D）<br>この時点での目標と援助方針 | | | | |
| 援助案 | （E）<br>これからの援助で何を行うか | | | | |
| | （F）<br>誰が行うか | | | | |
| | （G）<br>いつから<br>いつまで行うか | | | | |

参照：石隈利紀著　学校心理学―教師・スクールカウンセラー・保護者のチームによる心理教育的援助サービス―　誠信書房
石隈利紀・田村節子共著　石隈・田村式援助シートによるチーム援助入門―学校心理学・実践編―　図書文化



図 1-8　援助チームシート（石隈・田村、2018）

教職員間で対象児童生徒に対する共通認識を形成し、支援の孤立化を予防することができます。

## （5）ツール③幼小・小中連携シート

さて、幼稚園でアウトリーチ型支援が功を奏し、そこでの生活がうまくいったとしても、園児はやがて小学生へ、そして小学生から中学生へと進級していきます。これは小学校から中学校に上がる場合も同じですが、ここで課題となるのが、幼・小連携、小・中連携をどのように円滑かつ確実に行うかということです。つまり、アウトリーチ型支援が「横の連携」なら、次は「縦の連携」が必要になるということです。せっかく早期に知ることのできた、子どもの課題やそれに対する効果的な手立てが、次の段階へと正確に引き継がれないとなると、これはとても大きな損失です。

それを解決するための連携の手立てとして、二つの方法が考えられます。

一つ目は、「幼・小連携シート」または「小・中連携シート」（図1―9）という、申し送り資料を作成することです。たとえば、小学校から中学校への申し送りについてであれば、六年生の担任の先生に、クラスの気になる子についての注意事項と、うまくいった支援方法、保護者とのコミュニケーションについてまとめた資料（小・中連携シート）を、中学校へ送ってもらうのです。そうすることで、教育的視点からの支援のポイントが共有され、進級した学校で

小・中連携シート

ふりがな　　　　　　　　　　　　　〇〇市立（　　　）小学校
氏名（　　　　　　）　男・女　生年月日（　年　月　日）

| | 学習面 | | 心理・社会面 | | 進路面 | 健康面 |
|---|---|---|---|---|---|---|
| 得意なこと | | | | | | |
| してきた援助と結果 | | | | | | |
| 小学校 | | | | | | |
| 出席状況 | 1年 | 2年 | 3年 | 4年 | 5年 | 6年 |
| 出席日数 | | | | | | |
| 欠席日数 | | | | | | |
| 遅刻 | | | | | | |
| 学外通級日数 | | | | | | |

| 家族構成 | 交友関係 | 学校での様子 | 家庭・地域での様子 |
|---|---|---|---|
| | | | |

進学先中学校　　　（　　　）中学校

担任からのコメント

| |
|---|
| |

石隈・田村（2003），早川・小林（2010）、新座市教育委員会（2004）を参考に作成。

SC・医師からのコメント

| |
|---|
| |

図 1-9　小中連携シート（山口・松嵜、2018）

も、それまでと同じ支援を受けることが可能になります。

また、これらの情報を伝えた相手が、次の小学校や中学校の子どもの担任になるとは限らないため、口頭で伝えることと併せて、資料にまとめて渡したほうが確実です。さらに、スクールカウンセラー（心理職）や小児科医（医療）にコメントを書いてもらい、心理学的視点からの支援のポイントと、医学的視点からの支援のポイントを伝えると良いでしょう。これはいわば、「紙上コンサルテーション」をするということです。

そして、二つ目にあげる連携の方法は、四月に保護者が新しい担任に、直接子どもの情報を伝えに行くことです。その際、事前にアウトリーチ型支援の医師、心理職、そして今までの担任の先生方は、「こういうふうに伝えると、学校の先生方にうまく理解してもらえます。」と、それぞれの立場から伝え方のアドバイスをします。最終的には、保護者の方がどう伝えればいいのかを判断して、四月に学校へ行って担任に伝えることができると良いでしょう。つまり、子どものことを一番よく知っている保護者が、担任の先生に直接、入学後配慮してほしいことを伝えるのです。そのことで、子どもの苦戦は予防できます。

## 5 これから幼稚園・小学校の先生になる人に伝えたいこと

## （1）究極のチーム アプローチ「オープンダイアローグ」を目指して

先生方が見ている子どもの中に、物を投げたり他害をしたりする子どもがいるとしましょう。その子の行動の背景にあるのは、発達障害かもしれないし、愛着の問題かもしれないし、生い立ちや現在の環境の影響かもしれません。そして、それらの要因が複雑にからんでいる可能性も大いにあります。しかし、どのような背景がその子の「困り感」にあるのかは、一人の専門家だけで明らかにするのは、とても難しいといえます。

そこで、このような見立てや、支援の手立てを、多様な専門性をもつ者同士が一堂に会し、それぞれが意見を出し合って子どもの正しい理解に役立てていくことが、チームアプローチの本質であると、私は考えています。

医師は保健医療の専門家として、心理職は心理の専門家として、そして幼稚園や小学校の先生は教育の専門家として意見を述べ合って、子どもの理解をつくりあげます。その中で必要な手立てを、保護者に選んでもらうのです。チームアプローチというのは、「相互コンサルテーション（石隈、一九九九）」であるため、メンバーの関係は平等です。その中で保護者が中心となり、「うちの子に合っている方法はこの人の言うことだから、こうしたい（または、この意見とこの意見を組み合わせて考えたい）。」というようにして選び取り、最終的には幼稚園や小学校の先生と教育・支援方針を決めれば良いのです。

これはすなわち、「オープンダイアローグ（斎藤、二〇二〇）」の発想なのです。

「オープンダイアローグ」とは、直訳すると「開かれた対話」です。斎藤（二〇二〇）は、オープンダイアローグの骨格をなす七原則について、表1―1のように説明しています。

これらの七原則、①即時対応、②社会的ネットワークの視点を持つ、③柔軟性と機動性、④責任を持つこと、⑤心理的連続性は、オープンダイアローグの実践を可能にするシステムについて述べている原則です。そして、⑥不確実性に耐える、⑦対話主義は、対話実践の理念や思想を表しているとされています（斎藤、二〇二〇）。

このことから、オープンダイアローグの実践、言い換えるとチームアプローチによる支援を行う際には、①子どもの課題に対して迅

表 1-1　オープンダイアローグの 7 原則（斎藤、2020：p.251）

| 原語 | 一般的な訳 | 意味 |
|---|---|---|
| ① Immediate help | 即時対応 | 必要に応じてただちに対応する |
| ② A social networks perspective | 社会的ネットワークの視点を持つ | クライアント、家族、つながりのある人々を皆、治療ミーティングに招く |
| ③ Flexibility and mobility | 柔軟性と機動性 | その時々のニーズに合わせて、どこででも、何にでも、柔軟に対応する |
| ④ Team's responsibility | 責任を持つこと | 治療チームは必要な支援全体に責任を持って関わる |
| ⑤ Psychological continuity | 心理的連続性 | クライアントをよく知っている同じ治療チームが、最初からずっと続けて対応する |
| ⑥ Tolerance of uncertainty | 不確実性に耐える | 答えのない不確かな状況に耐える |
| ⑦ Dialogism | 対話主義 | 対話を続けることを目的とし、多様な声に耳を傾け続ける |

速かつ柔軟に対応し、②関係する様々な立場の者同士が互いを尊重しながら、対等に意見を交わし合うことが必要であると言えるでしょう。

そして、何より重要なことは、即効性のある支援方法を急いで探し当てようとするのではなく、定まった支援メンバーが必要に応じて何度でも集まり、その時々の状況に応じてより良い支援方法を考えて実践し、その結果がどうであったかを再確認するというように、根気強く取り組むことであると考えます。

そのためには、何らかの課題を抱えた子どもと関わるときに、「この子は多分、発達障害だろう。」と思って不安に感じるのではなく、「この子は、どのような支援の工夫をすると、うまくできるようになるのだろうか。」と考え、手を変え品を変えて、様々な対応を試してほしいと思うのです。**そうして子どもの「できた!」が増えていくと、活動を楽しむ気持ちや自信につながっていきます。こうすれば、自己肯定感が高まり、二次障害の予防にもなります。**

## (2) 苦手なところ探しより得意なところ探しを

幼稚園・小学校の先生方は、自分の指導・援助が上手くいかないと、子どもたちとの関わりに問題があるのではと不安を感じていることがあります。その不安とは、「この子には何かあるんじゃないか。」、「これらの問題行動は、障害によるものかもしれない。」という思いによるものである可能性も考えられます。しかし、前述した通り、子どもの抱える問題への対応は、障害ありきで考えるのではなく、子ども一人ひとりに応じて関わり方を作っていくという視点をもつことが重要なのです。

幼稚園・小学校の先生が不安に感じるのと同じように、保護者も不安を抱えています。「どうしたら、この子は他の子と同じようにできるのだろう。」というふうに、つい子どもの苦手なことや、課題になっている点にばかり、目が行きがちになります。しかし、先生も保護者もそのようにして関わっていると、本人である子どもは「みんなはできているのに、自分はできない。」と思うようになり、自己肯定感を低下させてしまうことになります。このような周りの大人の不安が要因となり、子どもに起こる問題を、「二次障害」といいます。

たとえば、AD／HDなどの発達障害、つまり「一次障害」に対しては、薬物療法や認知行動療法などの手立てが考えられます。早期介入をすれば、予後も悪くありません。一方で、AD／HDの特性で苦手なことについて「なぜできない。」「これもできないのか。」と責め続けると「二次障害」、すなわち不登校や無気力、さらにはうつなどを発症する可能性があります。こうなると手立てが難しく、その二次障害は、大人になっても残る可能性があるのです。

ある幼稚園を訪問した時に、「私、生まれて来て良かったの？」と言う子どもがいる、という相談を受けました。ご両親が、「この頃、私に『生まれてきて良かったの？』『生まれてきてごめんなさい。』と、よく言うんですよ。なぜなんでしょう。」と、お話しになりました。子どもがこのような言葉を使うまで、どうして追い詰められてしまったのでしょうか。私たち大人は、どうすればよかったのでしょうか。

このような二次障害を予防するために、周囲の大人にできることは、**どのように関わり方を変えれば、子どものできることが増えるのかを考えていくこと**です。つまり、その子の強いところ（リソース）に注目すると良いのです（山口・石隈、二〇〇五）。保護者にとっても、我が子の問題点ばかりを言われても、具体的な対策が分からないままでは、責められているように感じます。そのような時に、先生から保護者に「でも、こういうふうに関わったら、このようなことができるようになりましたよ。」と伝えられたら、保護者自身も家で試してみようと思うかもしれません。もちろん助言を受けたからといって、保護者がすぐに実行するとは限りませんけれども、関わり方の工夫を教わることは、家庭で試行錯誤する場合の「引き出し」が増えるので、大きなメリットになります。仮に、家庭での関わり方が変わらなくても、幼稚園にいる間だけでも、幼稚園の先生がその子にとって良い関わり方をすれば、子ども自身の力がついてくるはずです。

## （3）勇気をもって、その子のペースに合わせる

ただ、子どもそれぞれに合わせた対応を行う中でも、不安や迷いが生じることもあると思い

ます。たとえば、年長児の担任をしている先生は、来年度から小学校に入学することを見通して、子どもに合わせた配慮を止めた方が良いのではないか、と考える場合があります。もちろん配慮がなくても、大丈夫なようになれるのであれば、それは望ましいことです。

しかし、先のことを考えて配慮をなくした結果、その子が集団のペースについていけなくなり、幼稚園で楽しく過ごせなくなるのであれば、それはその子にとっていいことではありません。ここは勇気をもって、無理にみんなと同じ「枠」に当てはめるのでなく、その子のペースに合った配慮をして、できることを少しずつ増やしてあげましょう。長い目で見れば、その子が自信をもてるような関わりを続けていくことが、その子の将来をつくります。

## （4）助けられ上手な先生になる

先ほど、チーム支援を行う上で、教師の「イラショナル・ビリーフ（不合理な信念）」が課題となると言いました。すなわち、教師は『人の援助を受けるべきではない。』「自分の学級の児童は、担任の自分が全責任を負うべきである。」「自分がいないと、児童はダメになる。」という、三つの典型的な「教師のイラショナル・ビリーフ」をもつと言われています（石隈・田村、二〇〇三）。とくに小学校は、学級担任制という形で組織が構造化されているため、学級内で起こった問題は全て自分の責任であると考える「抱え込み」傾向が強くなります（谷島、二〇一一）。そうして、教師が一人で抱え込んだ結果、児童生徒の問題状況がなかなか改善しないばかりか、教師自身のメンタルヘルスも悪化し、さらに学級経営がうまくいかなくなるという、悪循環に陥る可能性があるのです。

そのようなことにならないよう、学校組織としては、教職員同士が情報共有や相談をしやすいような、「風通しの良い体制」を構築する必要があります。そして、これから先生になるという人達には、「助けて」や「ノー」と言える、貴重なアサーションを行える先生になってほしいと思います（園田・中釜・沢崎、二〇〇二）。

なにか困ったことや心配なことがあった時に、「こんなことで困っていて……。」と発信することをためらっていては、チーム学校の実現は遠ざかるばかりです。また、先生たちが「助けて」を言いやすい雰囲気というのは、子どもたちもＳＯＳを出しやすい環境であると言えます。「困ったときは助け合い」のチームワークをつくるために、先生同士の普段のコミュニケーションを大切に、ぜひ「助けられ上手な先生」を目指してください。

# 引用参考文献


Goffman. E. (1963). "Stigma: Notes on the Management of Spoiled Identity" Prentice-Hall.（石黒毅訳『スティグマの社会学—烙印を押されたアイデンティティ』、せりか書房、二〇一二。）

姫野桂・OMgray 事務局（二〇一八）『発達障害グレーゾーン』扶桑社新書。

家近早苗（二〇一六）コーディネーションとチーム援助の方法—コーディネーション委員会 石隈利紀・大野精一・小野瀬雅人・東原文子・松本真理子・山谷敬三郎・福沢周亮（責任編集）日本学校心理学会編『学校心理学ハンドブック第二版』教育出版、一六二頁。

石隈利紀（一九九九）『学校心理学』誠信書房。

石隈利紀・田村節子（二〇〇三）『石隈・田村式援助シートによるチーム援助入門—学校心理学・実践編』図書文化。

石隈利紀（二〇一六）コーディネーションとチーム援助の方法—コーディネーション委員会 石隈利紀・大野精一・小野瀬雅人・東原文子・松本真理子・山谷敬三郎・福沢周亮（責任編集）日本学校心理学会編『学校心理学ハンドブック第二版』教育出版、一六二—一六三頁。

石隈利紀・田村節子（二〇一八）『新版 石隈・田村式援助シートによるチーム援助入門—学校心理学・実践編』図書文化。

久保田健夫（二〇一九）日本心理臨床学会第三八回発表論文集。

田澤実（二〇一七）ワークショップにおけるアイスブレイキング分類の試み 生涯学習とキャリアデザイン、一五巻一号五三—六二頁。

文部科学省（二〇〇九）特別支援教育について―主な発達障害の定義について。
https://www.mext.go.jp/a_menu/shotou/tokubetu/004/008/001.htm（二〇二〇年三月二〇日閲覧）。
文部科学省（二〇一〇）特別支援教育について第四部―専門家用。
https://www.mext.go.jp/a_menu/shotou/tokubetu/material/1298170.htm（二〇二〇年三月四日閲覧）。
文部科学省（二〇一二）通常の学級に在籍する発達障害の可能性のある特別な教育的支援を必要とする児童生徒に関する調査結果について。
文部科学省（二〇一三）特別支援教育の現状について。
https://www.mext.go.jp/b_menu/shingi/chousa/shotou/100/shiryo/__icsFiles/afieldfile/2013/09/10/1339412_1.pdf（二〇二〇年三月四日閲覧）
文部科学省（二〇一五）チームとしての学校の在り方と今後の改善方策について（答申）。
文部科学省（二〇一九）児童生徒の問題行動・不登校等生徒指導上の課題に関する調査結果について。
日本小児神経学会（二〇一九）小児神経専門医とは
https://www.childneuro.jp/modules/about/index.php?content_id=9（二〇二〇年三月二〇日閲覧）
日本小児神経学会（二〇二〇）小児神経専門医名簿
https://www.childneuro.jp/modules/senmoni/（二〇二〇年三月二〇日閲覧）。
オープン・ダイアローグ・ネットワーク・イン・ジャパン（二〇一八）オープンダイアローグ対話実践のガイドラインウェブ版（第一版）。
https://www.opendialogue.jp/ 対話実践のガイドライン／（二〇二〇年三月一九日閲覧）
斎藤環（二〇二〇）『オープンダイアローグがひらく精神医療』日本評論社。

園田雅代・中釜洋子・沢崎俊之（編著）（二〇〇二）『教師のためのアサーション』金子書房。

谷島弘仁（二〇一一）教師へのコンサルテーション―何が望まれているのか　児童心理、六五巻三号七三―八四頁。

山口豊一・石隈利紀（二〇〇五）『学校心理学が変える新しい生徒指導―一人ひとりの援助ニーズに応じたサポートをめざして―』学事出版。

山口豊一・石隈利紀（二〇〇九）中学校におけるマネジメント委員会に関する研究―マネジメント委員会機能尺度（中学校版）の作成―　日本学校心理士会報、二巻七三―八三頁。

山口豊一・久保田健夫（二〇一九）発達障害傾向の子どもへの教育・心理・医療によるアウトリーチ型協働支援モデルの構築のための基礎的研究　公益財団法人明治安田こころの健康財団研究助成論文集第五五号。

山口豊一・樽木靖夫・家近早苗・石隈利紀（二〇一一）中学校におけるマネジメント委員会の機能がチーム援助体制及びチーム援助行動に与える影響―主任層に焦点を当てて―　日本学校心理士会報、四巻一〇三―一一二頁。

山根隆宏（二〇〇九）高機能広汎性発達障害児をもつ親の適応に関する文献的検討．　神戸大学大学院人間環境学研究科研究紀要、三巻二九頁―三八頁。

第 2 章

# チームにおける心理士の役割

## —保育、教育へどのようにアプローチするのか—

腰川一惠

# 1 乳幼児ならではの難しさ

乳幼児期は、障害の診断が必ずしもできない、また障害に起因していな状態像が起こりうる時期です。障害に基づく特性による影響もありますが、発達による影響、環境による影響が大きい時期であることを念頭におきながら子どもを理解し、保育者と一緒にどのように働きかけるか、どのような環境を設定するかを考えていく必要があります。なぜなら、学齢期に至るまでの乳幼児期の発達の把握や保育、支援がその後の子どもの状況に大きく影響を及ぼすからです。

本章では、心理士（心理師）として保育所、幼稚園等の巡回相談を経験してきた中から、どのように保育や教育にアプローチしていったらよいのか、具体例を交えながら紹介します。また、チームにおける心理士の役割として、保育者と心理士、医師といったチームの中で事前にお互いがわかっておきたいこと、誰が何を担い、何を一緒に考え、協働していくと良いのかという提案をします。

## (1) 子どもの発達による影響

乳幼児期は、小学校以上の学齢期の子どもたちと異なり、子どもが表している状態像の原因がいくつかあり、その見極めが必要となります。その原因の1つに幼児期ならではの「子どもの発達」による影響があります。

乳幼児期は、月齢の違いによって発達の差が大きい時期です。1歳児の同じクラスでも4月生まれと3月生まれでは運動能力が大きく異なり、走っている子どもがいる一方、ハイハイで移動している子どももいます。このように、定型発達の子どもたちを考えただけでも保育現場の同じクラスの中でも月齢による差が大きいことがわかります。

月齢による差に加えて、発達の**個人(間)差**(周りの子どもとの差であり、のちに追いつく、以下は個人差と示す)があります。個人差の分かりやすい例として、言語発達が挙げられるでしょう。例えば、一歳六か月健康診査(以下、健診)では、発語の有無が言語発達をとらえる指標の一つになります。ただし、この時期に発語が観察されていなくても、すべての子どもが発達の遅れを心配する対象となるわけではなく、まずは追いつくことのできる個人差としてとらえ、経過を観察していく中で発語がみられることがあります。このような個人差は、言語だけではなく、運動面や社会性(人や集団との関わり)などにもみられるものです。幼児期の個人差とみられるものの中には、経過を見ながら待つことで解消される場合と、子ども自身に何

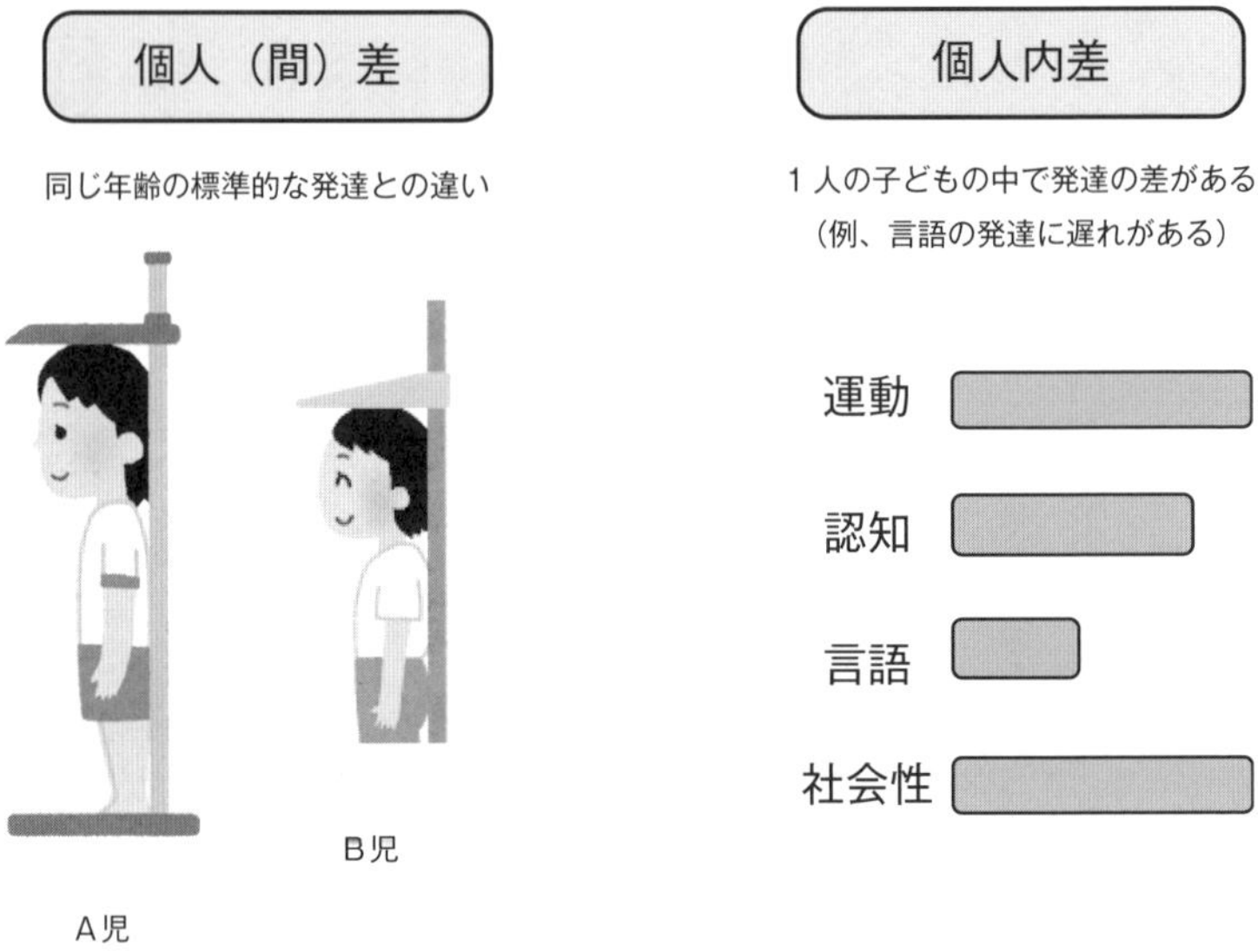


図 2-1　子どもの発達の個人（間）差と個人内差

らかの特性がありその差が改善されにくい場合とがあります。

この個人差の中には、一人の子どもの発達が全般的に周りの子どもと差がある場合、一人の子どもの発達の一部に差があり一部は差がないという場合があります。後者のように一人の子どもの中の発達で、得意な部分と不得意な部分の差が大きい場合、その子どもの中の発達の**個人内差**（一人の子どもの中の発達の差）があると言います。幼児期に個人内差がある場合は、個人差と同様に差が良好な発達の領域に追いついていく場合もあれば、子どもがもともと持っている特性に影響されて差が改善されにくい場合があります。

健診において、上記のような個人差

や個人内差に気づかれた場合は、子どもの発達や家庭環境などいくつかの観点からとらえて検討し、保護者の心情もふまえながら適切な助言をします（健診では、**言語理解**、**認知**（物事を理解する力）、**運動面の発達**を総合して子どもの状態像をとらえていきます）。

幼児期の個人差が、発達の全般的な遅れであるかどうかを見分けるポイントは、一歳六か月健診を例に挙げると、発語以外の言語の理解や社会性、認知、運動面が一歳六か月相応に発達しているかどうかにあります。発語が遅れていたとしても、言語の理解や社会性、認知、運動面が年齢相応に発達しているのであれば、すぐに発達支援センター等で個別指導を受ける必要はなく、二歳くらいまでは経過を観察していくことになります。一方で、発語以外の言語理解の遅れがあり、認知面は年齢相応であれば、家庭での働きかけを意識してもらい、その後の経過を観察していきます。発語以外に言語理解・認知面も遅れが認められる場合は、時間をとり、丁寧に子どもの全般的な発達や知的発達の検査を行っていきます。

## （2）自治体における子どもの発達援助

このように、一人の子どもの中でも発達の進み具合が異なることがあり、特に二歳くらいまでの乳幼児は、全般的な発達の遅れではない場合、発達の個人内差が必ずしもすぐに発達の遅れを心配するものや、障害の診断につながるものばかりではないことを念頭におきましょう。

表 2-1　1年間（6園×各園4回）において相談をうけた子どもの年齢と人数

| | 1歳児 | 2歳児 | 3歳児 | 4歳児 | 5歳児 | 総数 |
|---|---|---|---|---|---|---|
| **2年目** | 2 | 22 | 37 | 44 | 17 | 122 |
| **3年目** | 2 | 22 | 34 | 33 | 38 | 129 |

単位（人）

一方で、発語と言語理解以外にも社会性、認知面、運動面にも遅れがあるというように、遅れている組み合わせが多ければ多いほど発達の心配は増えていきます。その場合は、自治体によっては**親子遊び教室**に誘い、集団遊びを経験しながら子どもの発達の経過を追い、保護者の子どもへの関り方の理解を促すこと、個別に相談を受けるといった次のステップを用意していくことになります（腰川、２００３）。

**巡回相談**では、保育者が子どもの気になる行動がある場合、相談を受けます。表２―１は、Ａ地区の巡回相談で一年間に相談を受けた子どもの年齢と人数です。Ａ地区では、六か所の保育所にそれぞれ四回の巡回相談を行っており、これは年間二十四回での人数です。各保育所四回の巡回相談では、一回だけの相談の子どももいますが、同じ子どもについて複数回相談を受けることもあります。同じ子どもの相談を受けた場合も、各巡回相談でそれぞれ一回とカウントをしています。

Ａ地区の巡回相談が始まった一年目は、どの園でも多くの子どもを相談ケースに挙げていましたが、二年目以降は、相談をする子どもの人数が絞られて相談されるようになりました。二年目、三年目の子どもの年齢と人数を見ると、人数は少ないものの一歳代から相談があり、二歳代から人数が多くなり、三、四歳代、五歳代では人数がさらに増えていることがわかります。

相談を受ける子どもの行動の傾向は、次のようなものです。

〈一歳児〉
・発語があまりない
・自由遊びの際に他児をたたく
・嫌な時に自ら頭をぶつける
・強い甘え
・泣き等

〈二歳児〉
・集団活動の時に座っていられない
・友だちとの関わりの中で他児をたたいてしまう
・自分の思い通りにならないときの泣きが強い等

〈三歳児〉
・遊びから入室などの切り替えができない
・友だちの嫌がることをわざとする
・友だちとの関わりの中で他児をたたく等

〈四歳児〉
・保育者の指示が理解できない
・いけないと伝えていることを繰り返す
・カッとなって他児をたたいてしまう
・生活の中での行動がゆっくりである等

〈五歳児〉
・話を聞いているときに座っていても体が動いている
・友だちとの関わりでカッとなると暴言を吐く、暴力を振るう
・一番になりたがる
・活動への意欲がない等

巡回相談の人数が多くなる二、三歳代になると、周りの子どもの成長とともに発達の差が目立つようになります。特に発語や言語理解、社会性は、個人差とは言いきれない発達の遅れがはっきりしてくるのもこの時期です。発語や言語理解の遅れは、行動面へも影響を及ぼします。例えば、保育者の話を聞き続けることが困難であり、集団のなかでじっとしていられない、友だちに伝えられずに友だちを叩いてしまうという行動面や対人面の課題としてあらわれることがあります。しかし、この段階でも何らかの障害という判断がしにくい場合もあります。

巡回相談では、二、三歳児クラスの中で発語が少なく、言語理解もどこまでできているのかがわからない、遊びの様子や集団活動や友達との関わりの様子を含めて総合的に判断して、保育者から相談に挙がった事例が多くあります。その中には、相談後、発語が増えて、言語理解もできるようになり、集団生活を経験する中で徐々に友だちとの関わりを覚えていき、五歳児になると園生活では大きな問題はみられないように伸びる場合も認められます。このように、言語発達は、集団生活の中で急速に伸びる可能性も高く、言語発達によって行動面や対人面が変化することが期待されます。

以上のように乳幼児期は、後に述べる環境の影響を考慮に入れながら、発達の個人差であるのかそうではないのかを見極めていくことが必要です。また、心配になる発達の一側面だけを見るのではなく、発達全体の中での心配な部分といったとらえ方が重要になります。

# 2
## 子どもの困難さに対する考え方へのアプローチ
～子どもに対する視点を変える～

幼児期は子どもの発達の個人差、環境による影響がある一方で、その子どもが本来持っている特性が発達そのものや様々な行動に影響を及ぼしている場合もあります。しかし、すでに述べてきたように、幼児期は環境による影響であるのか特性による影響であるのか判別がしにくいところがあります。そのため、保護者の理解が得られにくいこともあり、これによって診断を受けられないことも多いのです。また、何らかの診断を受けたとしても、そのことが保育現場における適切な対応につながるとは言いがたい現状もあります。なぜなら、子どもの特性も一人ひとり異なっており、子どもを取り巻く環境も様々であるからです。

特別支援教育が始まり、発達障害の研究や発達障害への対応に関する書籍が数多く出版されています。その一方で、保育・教育現場における気になる行動をとる子どもたち、発達の気になる子どもたちに対する援助や支援についての保育者の悩みは尽きません。重要なことは、障害があるからこのように対応する、環境による影響があるからこちらの対応がある、ということではなく、**子どもの行動と子どもにまつわる環境との相互作用を丁寧に分析し、支援の在り方や保育を考えていくこと**なのです。

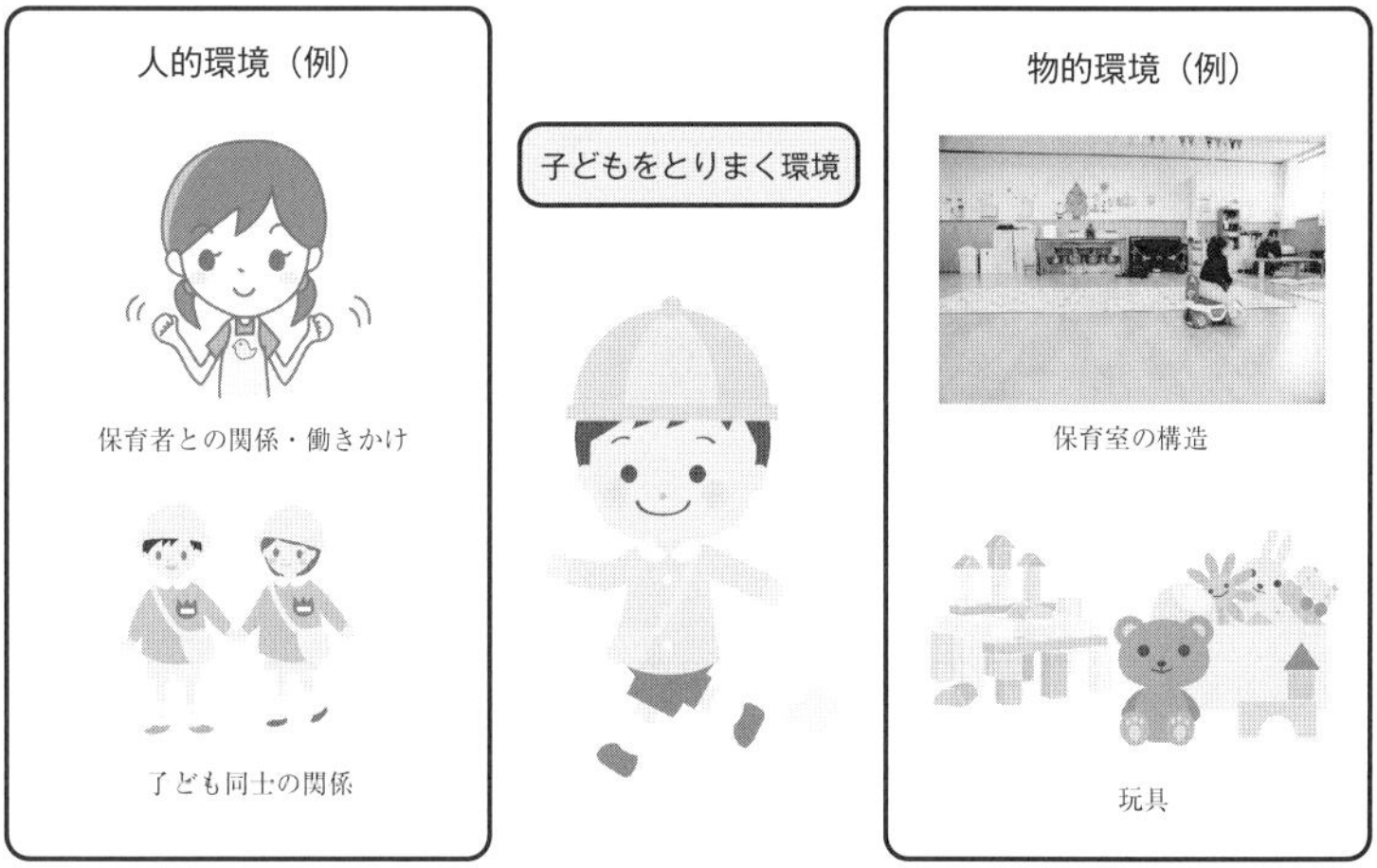


図 2-2　子どもを取り巻く環境

それでは、乳幼児期の発達のとらえ方の難しさを頭に置きながら、どのように子どもの困難さに対してアプローチしていくのかをみていきましょう。保育者、教師からみると気になる子どもは、集団にはそぐわない行動や思いも及ばない行動をしていることがあります。このような子どもの行動を、どのようにとらえたらよいのかを考えていきます。

## (1) 環境による影響に目を向ける

子どもの個人差や発達内差が引き起こされる原因として、後になって解消される発達の進み方による影響、また後述する子どもが本来持っている特性の影響もありますが、幼児期では環境による影響も決して少なくありません。そこでまずは、環境による発達の影響を考えた取り組みが必要になります。

**子どもをとりまく環境**として挙げられるものは、家庭であれば保護者との関係や働きかけ、保育現場における環境があります。ここでは、保育現場における環境を述べることにします。大きく分けて二つ、**物的環境**である保育室の構造や玩具等、**人的環境**である保育者との関係や保育者の働きかけ、クラスの周りの子どもとの関係等があります。なぜなら、子ども同士の関係は、子どもの心理に大きく影響し、様々な行動にあらわれることがあるからです。子ども同士の関係は重要なものですが、見落としがちなポイントでもあります。このような点を検討していただき、物的、人的環境をどのように整えるか、保育者がどのように対応していくのかを考えることが必要です。

## (2) 記録を取る

環境の検討をするためには、保育現場の中で子どもの気になる行動や困難な状況が起きるときはどのような場面であるのか、**記録**をとってみることが有効です。その際に気になる行動が起きるときだけではなく、その前後の子どもの様子、そして重要なのは、その時の環境、対応の状況も併せて記録をとることとです。記録が細かくなると負担が大きくなるので、メモ程度で構いません。そして、複数の保育者でその状況を振り返って話し合い等を行い、いくつもの目

図 2-3　気になる？気にならない？

で子どもの状態像をとらえていくことが大切です。

記録を取ったら、まずは、保育現場で気になる行動が起きるときの環境を、丁寧に確認していきます。そうすると必ず、気になる行動が起きるときは、どういう環境であるのかが見えてきます。その一方で、気になる行動が起きないときも必ずあるはずです。多くのケース会議やカンファレンスでは、気になる行動が起きるときを検討することがほとんどですが、行動が起きないときもぜひ検討してください。これにより、気になる行動が起きるとき・起きないときに、どのような条件が揃っているのかが把握できます。

気になる行動が起きないのは、異なる状況であるため起きない場合、同じ状況であっても起きない場合があります。できれば、それぞれの状況を検討していくことで、子ども自身の条件、環境の条件、保育者の働きかけの条件、周りの友達の条件、どれが「引き金」なっているのかを分析しましょう。このように、気になる行動が起き

| 行動の前の子どもの様子<br>状況・対応 | 気になる行動 | 行動の後の子どもの様子<br>状況・対応 |
| --- | --- | --- |
| | | |

記録用紙の例

る条件、気になる行動が起きない条件を整理し、得られた結果を活用した環境整備や働きかけの工夫を、活動の中に生かすことが必要となります。

## （3）子どもの行動の背景を考える

環境の中で再確認していただきたいこととして、周りの人との関係が子どもの心理に及ぼす影響があると述べました。その心理が、子どもの様々な行動につながっていることがあります。これは、年齢が低い場合は、機嫌が悪い、すぐに泣くという姿で現れることがあります。年齢が高い場合は、集団から外れる、不可解な行動をとる、嘘をつくことや保育者に対して怒るなどの行動で示すことがあります。このような行動は、必ずしも周りの人との関係のみによって起きるわけではありませんが、どういう理由で行動が起こっているのかがわかりにくい場合は、子どもと周りの人との関係を再度見直してみると良いでしょう。

人との関わりや集団での行動は、多くの子どもたちがスムーズにできるようになっていきます。一方で、同じような行動が難しい子どもがいた場合、「子どもができない」ということ自体に注目してしまうこともあります。その子どもが**なぜできないのか**という背景や原因について考えることがなく、もしくはなぜできないかを考えたとしても、できなさに応じた手立てや工夫がなされないまま、子どもに「できていない」ことや「してはいけない」ことだけを伝え、行動してみるように口頭で指示をしてはいないでしょうか？

子どもに行動ができていないことを伝えることは、対象の子どもの心理にさまざまな影響を及ぼすことがあります。さらに、できていないことを伝えることで、周りの子どもに「できない子」として認識されてしまうこともあり、周りの子どもの心理にも影響を及ぼすのです。行動できないことを伝えるとすぐにできるようになる子どもには、こうした影響は少ないかもしれませんが、発達障害等の特性や発達の遅れ、経験不足がある子どもには、適切な行動をするよう口頭で指示するだけでは変わらないため、できないことだけを伝え続けられることになるのです。

## （4）背景に障害特性による影響がある場合：A児　動いてしまう

以下には、保育者は子どもの行動にどのような対応をすればよいのか、子どもの行動の背景を考えることで理解でき、適切な対応ができるようになった例を考えていきます。最初に挙げるのは、集団で話を聞く場面でじっとしていられずに体が動いてしまうことについて相談があった事例です。

A児は、会話も成立し、運動面でも特に問題はありません。4歳児クラスの1月に転園してきた子どもで、園での生活には慣れたころと思われる5歳児クラスの6月に相談を受けました。A児は、落ち着かない様子があり、朝の集まりといった短い時間でも動いてしまうこと、手持無沙汰になると小さい声であるが、ゲームの音のような声を出しているという相談内容でした。朝の集まりでの行動観察では、クラスの周りの子どもは落ち着いて保育者の話を聞いており、求められる活動をして過ごす一方、A児は座っていることはできるものの、体を傾ける、揺らしてみる、少し場所を移動するという様子がみられました。

周りの子どもが座っている状況なので、A児が少しでも動いてしまうと目立ち、保育者から「そこにいて」「動いているよ」という声かけが何度もみられました。A児は保育者の声かけに気づき、その時はその場で動かないようにしていますが、しばらくたつとまた動いてしまい、再度保育者の声かけを聞く、といった繰り返しがみられました。一方、戸外で行われた活動内容でも保育者の話を聞く場面がありましたが、その場にいて、話を聞くことができていました。これは話の内容が、A児が興味を持てるものであったことも影響していたようです。その後の活動にも参加できていましたが、自由遊びになったときには、クラスの周りの子どもと遊ぶわ

けではなく、一人で「ちゅるる…」というゲームの音のような声を出しながら歩き回っていました。

このような様子が観察された場合は、どのような背景が考えらえるでしょうか。保育者は、年長児としての態度をとれるようにA児のためを思い、じっとできるような声かけを行っていました。しかし、A児の立場で考えれば、その場にいることやじっとしているという意識はあったと思われますが、保育者が考えているようにはじっとしていられず、気がつくと動いていたと考えられます。そのため、保育者は何度も声をかけており、それでもA児は動いてしまうことといったことを繰り返し、その結果、A児は動いてしまう自分を制御できないことに対して、気にかけていたと考えられますし、保育者からの声かけによって「できていない」というメッセージを受け取っていたかもしれません。周りの子どもたちも、A児は「できていない子ども」と認識していたのではないかと考えられ、A児との関係性や関わりもどうだったのだろうかと思います。

このようなA児と保育者の関わりの中では、何を検討して、何を行ったらよいのでしょうか？巡回相談の立場からみると、A児は朝の集まりの場から大きくはずれることもなく、参加しているようにみられましたが、保育者にとっての「参加している」という基準は、「動かずに集中して保育者の話を聞く」というものでした。保育者から声かけをされたA児は、しばらくは動かずにいようと意識をすることができていたものの、長い時間は難しかったようです。もし、保育者の求めるような行動ができるのであれば、A児はすでに保育者の声かけによってじっとし続けることができていたはずです。また、このようなA児の特性を背景として考えると、A児が発しているゲームのような音も、ゲームへの固執というものではなく、保育者の声かけどおりにできない自分への葛藤や、周りの子どもとの関係をつくるのが難しいため一人で遊ばざるを得ない、寂しさを紛らわす音ではないかと、保育者と話し合うことができました。

このように、A児は自分でコントロールしにくい動きがあり、動かない状態を維持しにくい特性がありそうであるため、集団参加の基準をゆるめながら、A児ができている参加の姿を認めていくことが良いのではないかと考えました。また、保育者が「できていない」と思う側面がある一方で、興味があることに対しては、短い時間であれば落ち着いた姿勢で話を聞くことができることも確認できました。そこで、保育者が主体となった朝の集まりを行うだけではなく、A児や周りの子どもに集団をひっぱる役割を任せてみるなど、朝の集まりの活動の構成を変えるとA児の参加意欲を高められるということが予測できました。この事例から、保育者や教師が子どもの特性や発達を見極めながら、「集団への参加」をどのように考えていくのか、子ども自身が自己肯定できるような働きかけを行いながら、対象児が主体的に参加できるような工夫を行うことが子どもの良い変化を生むのです。

このように、A児の特性を背景として考え、A児のできる範囲での参加を認めたうえで、保育者が整えることができる環境調整を行い、A児の意欲を高めるような対応をすることで、A児は朝の集まりに積極的に参加できるようになりました。そして、保育者が周りの子どもとの関係を取り持つことによって、ゲームのような音も出さなくなっていきました。のちにA児は、注意欠陥多動性障害（ADHD）の診断を受けますが、診断を受けていない時期からどうしてそのような行動をしているのかという背景を考えて、その行動を幅広く見直して働きかけを変えると、保育者はA児が参加できる条件が見えてきて、工夫ができるようになりました。子どもにとって保育者は、一番に認めてもらいたい存在です。そういう意味においてもまずは、保育者自身が子どもの行動の背景を考えた働きかけをできているかどうか、また子ども同士の関係性はどうなのか、振り返ることが重要となります。

## (5) 発達や経験による影響がある場合：B児　特定の保育者への強い愛着と泣き

次は、障害の特性ではないですが、子どもの発達に偏りがある場合も、保育者が疑問に思うような行動をとることがあるという事例です。保育者が子どもの発達をよく理解し、発達障害の知識を身につけるようになったからこそ、近年相談受けるようになったのではないかと考えらえるケースです。

B児は、1歳代後半ですが、まだ理解ができるような発語はみられていませんでした。しかし、日常の言葉は理解でき、年齢相当の遊びもでき、大人との関わりも喜び、やりとりにも問題はみられませんでした。保育所入所のころは、保護者への後追いや泣くこともなく、保育所で一人おとなしく遊び、日中を穏やかにすごしていました。相談があったころには特定の保育者の姿が少しでも見られなくなると泣き出し、大きな声で泣き、なかなか泣き止まないといった姿がみられ、尋常ではなく泣くことが1か月ほど続いており、心配した保育者から相談がありました。

B児は、保護者に対して保育所入所当時から離れる時に泣くことはない一方で、帰りにお迎えに来てもうれしいそぶりを見せることがありませんでした。保護者もそのようなB児を見て、「先生のほうが好きなのよね」と言うなど、あまり気にしている様子もありませんでした。保護者はB児について、家庭でも穏やかで、泣くことはほとんどなく、一人で遊んでいると話し

ていました。しかし、保育者は、保護者は家庭であまりB児に関わっていないのではないかと想像しており、他の保護者との関わりができていなかったB児の保護者の姿も気になっていました。

巡回相談の当日、B児は戸外の砂場で楽しく遊び、保育者の「おもちゃをナイナイして、お部屋に入るよ」という優しい声掛けに、使った遊具の片付けをしていました。外の遊びが楽しくてなかなか片づけをしたがらない、お部屋に戻りたがらない子どもたちがいる中でも、保育室に戻ってくることができていました。B児は、戻ってきた保育室でしばらく大好きな保育者と過ごしていましたが、保育者がB児のそばを離れなくてはならなくなりました。入室のような生活の切り替えでは、保育者がどうしても持ち場を離れないといけないことがあります。それまで穏やかだったB児は、保育者が「ちょっと待っててね」と言って姿が見えなくなった途端に、泣き出してしまいました。その日は短い時間で保育者が戻ってき

ため、保育者に気づくと泣き止みまた遊び始めました。

B児は、発達面では発語が遅いもののそれ以外の問題はなく、保育者への愛着を強く持っている状態にみえました。事前に保護者とB児との関わりの状況を聞いていたため、保育者との話し合いでは、開口一番に「よかったですね、B児が保育所に来ていて」と伝えました。つまり、B児は家庭で保護者との関わりがあまりなく、愛着関係を築けていませんでしたが、保育所に入所して保育士との関わりの中でようやく愛着関係が築けたのです。すでに1歳の後半になってしまっていましたが、ここで7、8か月ごろからみられる、「人見知り」の段階になっていたと考えられました。

保育者は、保護者とB児との関わりの薄さ、保護者の人との関わりにくさについては理解をしていたものの、そこをB児の保育所での姿と結びつけて、愛着の問題ととらえることができていませんでした。また、人見知りが定型発達の子どもでは1歳前に強くあらわれるという知識はありましたが、1歳後半となったB児の強い泣きと「遅れてきた愛着」という発達の偏りが結び付かず、発達自体に何か問題があるのではないかと考えたのです。

この保育者のように、子どもの発達をよく熟知しており、発達障害に関する知識もあると、「子ども自身に何か問題があるのではないか」という思考になることがあります。子どもの行動をとらえるには、子ども自身のもともともっている発達のアンバランスさと、保育所や家庭での大人との関わりの状況を総合的にとらえ、なぜそのような行動が起きるのかという子どもの背景を丁寧にみていく必要があります。子どもの状態像を定型発達のパターンにあてはめすぎず、発達の偏りがあることも頭に置いて検討していくと良いでしょう。

### （6）遊びの経験不足：C児　砂を投げてしまう

次の事例は、遊びの経験不足のため、砂を投げて遊んでしまうC児を紹介します。

C児は、4歳児から保育所に入所していましたが、保育所への登所を嫌がり、登所しても日中は保育室で寝ていて、食事と排泄以外は行動せず、遊びに参加できない状況であるという報告がありました。その原因として、家では食後からゲームをしているが、夜になってもゲームをやめることができず、保護者もやめさせられないといった状況が続いていたことが考えられました。そのため日中に眠くなってしまっていることがわかりました。

1回目の巡回相談では、登所を嫌がり保護者と別れる際に大泣きするという様子がみられました。保育室では、床にぐったりと寝ており、保育者が起こしても起きようとする様子もありません。C児は、定期的に医療機関にかかっていて、入院、手術経験もあり、身体が弱いことを不憫に思った保護者がゲームをすることを許可しており、そのために自宅でゲームがやめられなくなっていたということが聞き取りでわかりました。しかし、担任が新年度から新しく変わっていた上に、保護者自身があまりC児については語りたがらず、保育者は、保護者から家庭での状況を聞き取るだけで精いっぱいでした。

相談の当日も保育者は、何か保育所で楽しめることはないかと探っていき、C児が迷路や数字の本に興味を示したことから、起きている時間には一緒にやり取りをしながら、迷路に取り組んでいました。一方、C児の周りの子との関わりでは、他の子どものことを観察しているものの、自分から関わるということはほとんどありません。そこで保育者との相談では、保育所で目が覚めている時間に楽しめる活動をすること、そして迷路のような頭で考えていく遊びだけではなく、それまで経験が少ないと思われた感覚遊びにも、C児が嫌がらない範囲で取り組んでいくといった方針を話し合いました。感覚遊びを経験することで、家でのゲームとは異なる保育所での遊びの楽しさを感じられ、嫌がらずに登所できるようになるのではないかと考えられたからです。また、C児は、言葉の理解もよく、理由がわかると納得ができることから、

大人から「寝なさい」「起きなさい」と言われて動くよりも、「保育所に来て楽しく遊ぶには、何時くらいに夜は寝て、何時くらいに起きたらよいか?」というように、自分から考えるほうが行動に移せると考えました。そこで、保育者とC児がスケジュール表を一緒に考えて、書いてみることにしました。

二か月後に二回目の巡回相談に行くと、登所したときには目を開けており、クラスの他の子どもと一緒に戸外の体を動かす遊びを楽しむことができるようになっていました。保育所でも起きて活動することが増えたことで、保育者からの相談事は保育所での遊びに関わる内容に変化していきました。戸外で遊ぶようになると、砂場にいる時間が増えましたが、何かを作ったりイメージしてごっこ遊びをしたりするのではなく、砂を投げてしまい、近くの友だちに砂がかかってしまうことがありました。保育者が「砂を投げないで」と注意しても何度も投げてしまうため、保育者は「友だちの目に砂が入ったら、友だちは目が痛くなるんだよ」と伝えていました。C児は、「友だちに砂を投げていない」と主張して、ゆずらないという相談がありました。

観察をしてみると、実際にはC児は友だちに砂を投げることはなく、砂の表面をさらさらと感覚を楽しむように何度も触り、とても嬉しそうな表情をしていました。滑り台も好きなようで、登って降りることを何度も繰り返し、近くの保育者とかかわりながら楽しんでいました。そのような遊びの姿を見て、友だちに砂を投げてしまうという行動が「なるほど」と理解できました。

C児はこれまで、ゲームで遊ぶことばかりに偏っており、感覚遊びを十分に楽しんできておらず、砂による手の感覚、滑り台の体の感覚を楽しみ始めた段階であると考えられました。砂を投げていたのは感覚遊びの延長であり、C児には、友だちに向けて砂を投げるという意図はなかったのではないかと想像できました。

このようなC児の行動の背景を話し合う中で、保育者も「なるほど、そういうことなのですね、1、2歳児の砂遊びと考えればよくわかります」と納得し、C児が経験不足であった1、2歳児のころの「感覚遊び」の段階にあることが理解されました。このような場合は、「お砂を投げないで」「お友だちが痛いよ」という声かけではC児の心には届きにくいのです。理解力が年齢相応、もしくはそれ以上にあることから、感覚遊びを楽しみつつ、保育者がかかわりながら見立てられる遊びへと幅を広げていくことで、砂を投げる以外に楽しめる砂遊びへと変えていこうということも話し合われました。

以上のように理解力や言語表現力も高く、できることが多いC児でしたが、「できる子」、「4歳児の子」としてとらえていると見えない部分があります。これまでの遊びの経験不足や遊んできた経緯を頭に置きながら、発達を見直していくことが重要になります。

これらの事例のように、障害の特性ではないものの、発達の偏りや経験不足が子どもの行動に大きな影響を与えている場合があります。したがって、保護者を含めた家族との関係性、子どもの発達の偏りや経験不足から今の状態像を読み取り、これらを包括して子どもの行動の背景を考えていくことが必要となります。

## (7) 環境における人との関わりの重要性：D児 担任への反発

また、子どもが様々な行動をする背景として、周りの友だちとの関係も見直す必要があります。特に友だち関係が徐々に形成されていく3歳代以降、中でも4、5歳の友だちとの関係は、子どもの心や行動に大きな影響を及ぼします。次にその一例として、発達には問題のない5歳児の事例を紹介します。

D児は、４歳児までは特に目立つ行動はありませんでしたが、５歳児になり、前年度からD児ともかかわりも深く、D児が好きであると思われていた担任に反発する姿が目立つようになったと、保育者より報告されました。担任からは、D児が持ってきてはいけないと言われている洋服を持ってきて、周りの友だちに「こんなの持っているんだ」と見せていたというエピソードが語られました。

巡回相談に行った日もD児は、なかなか教室に入らない、給食の時間になっても教室を歩き回るという行動が見られ、担任はD児に「給食の時間であるので席に着くよう」にと声をかけますが、D児はなかなか席に着くことができません。

またこれらの行動に加えて、席に着いてからも落ち着かない姿が観察されたことから、友だち関係が及ぼす心理が様々な行動につながっているのではと推測されました。このことについて担任に聞いたところ、仲がよかったグループの女の子とこのごろ疎遠であることが語られました。そこで、担任に友だちとの仲立ちをしてもらうよう助言し、実践してもらったところ、担任が不審に思っていた行動が徐々になくなり、心配がなくなっていきました。担任は、D児と友だちとの関係が影響を及ぼし、信頼関係のあった担任である自分へ反発する姿や、集団での様々な行動という姿として現れるとは、思いもよらないことであると語りました。

子どもの気になる行動は、観察をしていると原因が分かりやすいものが多いのですが、この事例のように一見しただけではわからない場合は、周りの友だちとの関わりや関係性を確認していくと良いでしょう。友だちとの関係性が分かっており、説明することができる子どもであっても、自分から訴えてくることはあまりなく、いろいろな姿や行動でそれを表現することが多いといえます。自分から訴えるということは、小学校低学年くらいの子どもでもなかなか難しく、ましてや幼児期の子どもたちにとってはそれ以上に難しいことでしょう。もちろん、保育者が丁寧に関わることで、心の内を話してくれて解決することもあるため、このことを頭に置きながら、気になる行動だけを注視するのではなく、その行動の前後の子どもの様子や環境、周りの子どもとの関係性を踏まえて行動観察を行うことが不可欠です。

# 3 子どもの困難さに対する早期支援

## ～当たり前を見直す～

巡回相談で様々な相談を受けて日々感じることは、**早期の支援が子どもの成長に大きくかかわる**ということです。４歳代になると、友だちとかかわる遊びが増え、友だちとの関係が深まることから、４歳よりも前に友だちとの適切なかかわり方を理解しやり取りができるようになると、その後の子どもの発達や心理に良い影響を与えます。そう考えると、保育者からの相談が多くなる２歳代、３歳代に早期支援を行うことは重要であり、早期支援により人とのかかわりの素地を耕しておくと、その後の遊びや友だち関係を広げることができ、発達面はもとより、心の安定も違ってくるのです。

そして、早期支援をする前には、ここまで述べてきたような、子ども様々な行動の背景に何があるのかを、子どもの発達、特性、環境との相互作用を含めて考えていくことが、とても重要なのです。行動の背景を検討すれば、子どもの様々な行動に合った適切な支援につながります。子どもの変化について注意深く観察をしながら支援を行えば、子どもの状態に合わせて支援を調整していくこともできるのです。

## (1) 支援を考える前に

行動の背景に基づいた具体的な支援を考える前に、保育者が「支援をしても変わらない」と認識しないためのポイントを以下に挙げてみたいと思います。

支援を行う際に、頭に置いておかなくてはいけないことが3つあります。1つ目は、その支援が子どもの実態とかけ離れた、とても高い目標ではないかどうかの確認です。例えば、集団からはずれて動いてしまう子どもは、すぐにはじっとしていられるようになりません。例えば、「じっと座っていられる」のような高い目標を定めて支援を始めてしまうと、なかなか目標まで達成できずに不全感を持ってしまいます。こうなると、子どもも保育者や教師からの支援に対して、うまくいかなさを感じてしまうかもしれません。

そこで子どもの支援の目標を、まずは少しの工夫でできそうなところに設定して、できそうな目標に向けて何ができるのかという支援を考えてみましょう。このような方法は「**スモールステップ**」と言い、言葉は理解できている方は多いのですが、実際に支援を考える際には、その考え方が応用されにくいところがあります。保育者や教師は、子どもに大きな期待をして、「周りの子どもたちと同じようにできる」という高い目標に視点を置きがちですが、対象となる子どもがいまどのくらいのことができて、**あと少しでできるようになる**には、どうしたらよいのかを考えた支援へと調整していくことが重要なのです。

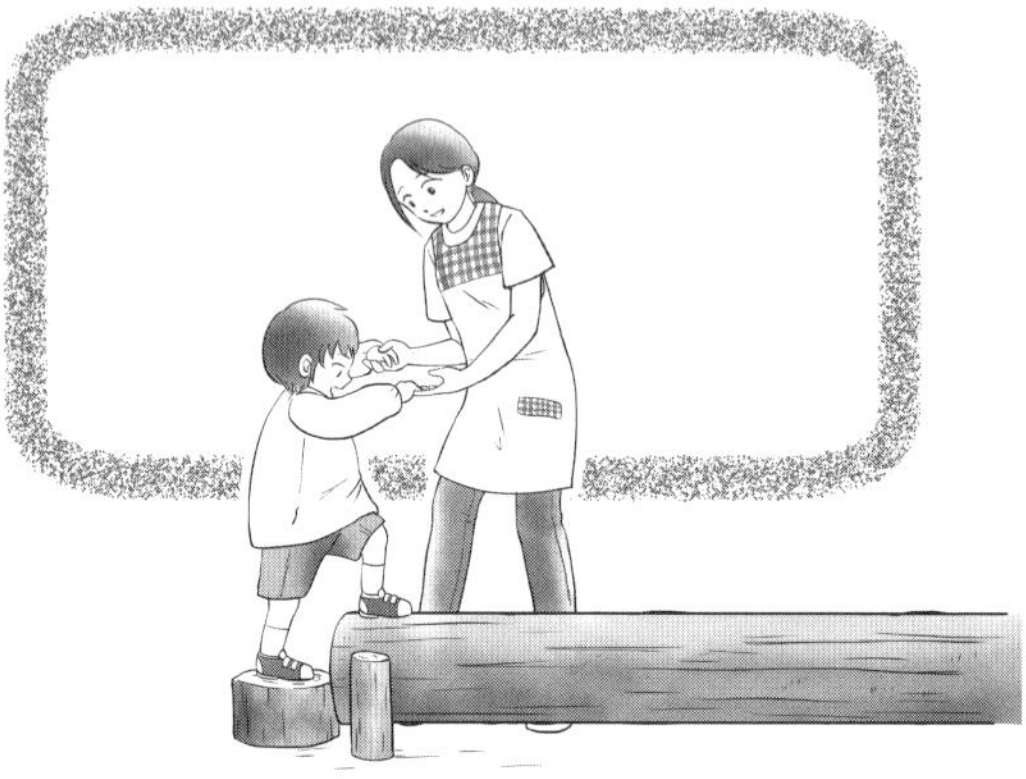

２つ目は、初めの支援で子どもの変化がなく、その子に合っていないとわかったら、臨機応変に支援を考え、アプローチを変えていくということです。子どもに合っていないアプローチで支援を続けていても、改善は望めません。子どものアセスメントの時だけではなく、支援の経過の中でなかなかうまくいかないと思われたら、他の保育者や教師の視点から子どもを見直す、また多職種連携の観点から、心理職、看護師、養護教諭等に相談をして、多様な視点で支援を見直すと、異なるアプローチを見いだせることがあるので、ぜひ活用してください。

３つ目は、支援は、担任やクラスの担当者だけが行うものではなく、園内委員会や校内委員会、支援検討会などを通して、園や学校全体でクラスをサポートする体制で行うということです。実際のアプローチは担任がしますが、支援の内容等を園や学校全体で考えていくことで、対象の子どもの情報が共有され、担任以外の他の保育者や教師も支援に参加しやすくなります。また、支援する担任への心理的サポートも重要です。障害の診断のある子どもや行動の気になる子どもは、アプローチをしてもすぐに大きな変化がない場合もあります。そんなとき、担任のみで支援や子どもの変容の責任を引き受けることは、精神的に大きな負担となり、心の余裕がなくなってしまいます。そこで、支援を行っていく中でうまくいかないことを聞き取り、その努力を称えながら、少しずつ前に進んでいくための助言やサポートが必要となるのです。

## (2) できることは当たり前なのか?:E児　保育室に戻ることができない

保育の場では、もちろん保育者が子どもの発達を踏まえていることが前提となります。それは、子どもと接していく経験を積む中で、このくらいの援助であれば子どもたちはできる、ということがわかり、対応を応用していくことで身につくものです。しかし、すべての子どもがこれまでと同じ方法の対応のみで良いのでしょうか。特別な配慮が必要な子どもに対して、これまでの経験で培われてきた援助方法でよいのかどうかということを、もう一度振り返ることが必要になります。

多くの子どもたちは、保育者からの言葉かけで行動を修正することができます。一方では、言葉をかけられるだけでは、修正することが難しい子もいます。そこで、周りの子どもと同じようにできることが当たり前なのか、さらに一歩踏み込んで、子どもの発達や、情報を取り込む力を把握し、どこまで支援を行ったらよいのかを見極めていくことも必要です。

次の事例は、そのような一見「当たり前のこと」が難しい子どもへの支援に対して、どのように検討していくかを考えるヒントになるかもしれません。

E児は2歳児であり、家庭で十分な関わりがもてていないという経過もありましたが、保育者への愛着や関わりはできていました。一方で、ほしいものが手に入らないと大泣きして、集団活動に参加できなくなることもしばしばありましたが、気になるものは視界に入らないところにしまうという環境調整をすることで、大泣きをすることは少なくなっていきました。しかし、もう一つ保育者の悩みがありました。それはE児が外遊びから保育室になかなか入れずに、いつも最後まで残っていることです。結局は、保育者がE児を抱きかかえて保育室に戻ることが日常になっていました。


巡回相談では、E児は友だちとままごとができるスペースに入ったり出たりして、関わりながら戸外で楽しく遊んでいました。保育者たちは、戸外で子どもに呼びかける役割、保育室の入り口で子どもの靴を脱がせ足の汚れをはらう役割、保育室内で子どもを見守る役割に分かれて、子どもたちに保育室への入室を働きかけていました。保育者が「お部屋に戻るよ」という声かけをすると、三々五々、片付けを終えた子どもたちが保育室前に戻ってきていました。所

庭にはあと何人かというところで、E児も片付けを終えて、保育者と手をつないで保育室の前に戻ってきていました。E児は、保育者から「お靴脱いでね」と声をかけられ、靴を脱ぐためにテラスに座りました。E児はしばらく座ったまま所庭を眺めていましたが、まだ戸外にいるクラスの他の子どもの姿に気が付いたのか、立ち上がり、また所庭へと走って戻っていきました。その後、E児は、保育者に「まだ、お部屋に入っていないの」と言われながら、追いかけっこを楽しんでしまい、結局最後に保育室に入ることになりました。

保育者がE児に丁寧に対応したので部屋に戻ることができましたが、E児が保育室前に来た時の支援、その先の連携が十分にできていなかったため、片付けて保育室に戻る手前まで来たことが、入室するという次の活動へつながる経験ができませんでした。クラスの周りの子どもは、保育室の前の靴箱のところに来ると保育者の声かけだけで靴を脱いで部屋に入ることができるのですが、

E児のように特別な配慮が必要と考えられる子どもたちは、どこまで支援をするのかを共有し、次の行動へ向かうための「その先の連携」ができていないと、E児が心地よいとわかるいい経験の循環がまわりません。「この年齢なら、このくらいの援助があれば当たり前にできる」と考えていることが、子どもへの支援の中では必ずしもうまくいくとは限らない一例です。

このような所庭、園庭から保育室に戻れないという相談は、多くの保育者から聞くことがあります。その背景には、場面の切り替えが困難であること、そして遊びの切れ目のタイミングが合わなかったという「切り替え」自体の課題と、保育室に戻るときの保育者との関わりに面白さを感じているという「保育者とのやりとり」があるように見受けられます。E児も保育者に促されて遊びを終わらせ、保育室の前まで来ており、「切り替え」はできていましたが、もう一押しの支援や連携がなかったがために、所庭に戻ってしまいました。

E児の場合は「切り替え」の問題というよりは、「保育者のやりとり」の楽しさでなかなか保育室に戻れないという背景があり、保育者の支援の場面では、声かけだけではなく、E児を保育室に戻るまでの見届けや他の保育者との連携が必要であったということになるでしょう。保育者との戻るまでのやりとりを楽しむことも、子どもの対人関係の発達にはいい影響があると考えられますが、遊びの時間の中での保育者とのやりとりを十分に楽しみたいです。保育室へ戻る場面では、「楽しかったね、お部屋では絵本を読もうか」というように促し、次の保育室での楽しみを期待しながらその場に合った行動をしていくという経験を積むことも、この後、E児が園生活の中で、より良い積み重ねになるのではないでしょうか。

いつもの声かけや働きかけでは子どもの自発的な行動が難しい場合がありますが、子どもが保育室に戻れない背景を考えながら、どのように声をかけて働きかけるかについて再度検討していきましょう。いつも通りの保育のあり方、当たり前の働きかけで本当に良いのかと疑問を持ちながら、一人ひとりの子どもに合わせたより良い方法、働きかけを検討してみる、修正していくことが求められます。その子ができないのではなく、「できない支援」「できない環境」になっていないかどうかを、もう一度振り返ってみてください。複数の保育者で関われる場合は、保育者同士の連携がとても大事になります。その子どもの何を育てたいのか、その子どもへの援助や保育者同士の連携、体制をどうするのか、うまくいかないときの対応をどうするかを、日ごろから話し合っておくと良いでしょう。

## (3) 再び困っている子どもの視点に立つ

「子ども側の原因」が発達障害であったとすると、それぞれの障害の特性に合わせた支援をしなければなりません。例えば、発達障害の中でも視覚的手がかりが有効である子どもに対しては、絵カードや写真カード、文字カードなどを使用することは、すでに多くの園や学校で取り入れられている方法です。

一方で、障害の診断名やその特性における対応方法のパターンだけにとらわれたアプローチは、一人ひとりの実態をとらえていないため、必ずしもうまくいくわけではありません。絵カードを例に挙げてみれば、使用する際にはその子どもが絵カードを指示として注目し、認識できるのかどうか、どのような場面を抽出して絵や写真に取り入れるのか、絵カードを使用するタイミングはいつがいいのか等を、支援に使用する前に考えておかなくてはなりません。保育者から、絵カードを使っているが、対象となる子どもの行動に変化がないという相談も何度か受けたことがあります。ある事例では、保育室への入室後の着替えを絵カードで示していたのですが、絵カードは壁に貼ってあるだけで、対象の子どもがそれに注目できるような支援はなく、着替えにはつながっていませんでした。また、着替えのすべての手順がカードに記載されていて伝わらないことがあるので、手順をいくつ同時に示すのか、一枚のみにするのか、絵カードに描かれた絵はわかりやすいかどうかなど、検討すべき点があります。

E児の例からもわかるとおり、集団活動への参加が苦手、生活場面の切り替えが難しい、友だちとの関係をとることに難しさがあるなど、様々な苦手さのある子どもたちに対して、その場に合わせた行動ができないことを「子どもができない、やらない」ととらえるのではなく、「子どもはどうしたらよいのかを困っている」存在であり、その困っていることを解消できるように、どのように環境を整えれば良いか、どんな方法で支援をすれば良いかを考えていくのです。

行動に変化がない場合は、もう一度子どもの実態把握を行い、変化がないのはどのような背景があるのか、その背景に対応してどのように環境を整えるのか、支援についてより良い方法を検討し、改善していく必要があります。このように支援を改善する際には、子どもの丁寧な観察をはじめ、環境の影響、家庭の影響までをも含めた、子どもの背景を総合的にとらえることが前提にあることを、忘れてはいけません。

# 4 保護者の心理と支援

## (1) 気になる子どもの保護者の心理

保護者にとって、幼児期は子どもに大きな期待や夢を持っている時期です。多くの保護者は、障害と縁のない生活をしてきています。そんなときに子どもの障害がわかることは、保護者にとってはショックであり、将来が不安でつらいものにみえてきます。

アメリカのドローター（Dorotar,D.）は、先天性の障害がある子どもを持つ保護者を対象にインタビューを行いました。その結果、子どもに障がいがあることを告げられた保護者の障害受容の心的過程には、「ショック」「否認」「悲しみと怒り」「適応」「再起」の5つの時期があることを明らかにしました（1975）。まず「ショック」の時期では、文字通り診断を受けて大きなショックを受け、気持ちの揺れが大きくなります。「否認」は診断を認められずに否定する時期で、「ドクターショッピング」といわれるように、病院を変えて異なる診断を求める行動を起こすのもこの時期です。「悲しみと怒り」の時期では、診断を受け入れた上で子どもの将来やきょうだいの将来を考えて涙が出てしまう、ショックのあまり悲しみが止まらなくなるなどの感情を経験します。「適応」の時期になると、感情を動かすことなく日々のことを過ごしていくようになり、「再起」では子どもの障害を受容し、積極的に専門機関等に相談に行くことができるようになります。

障害の診断を受けたお子さんの保護者の方でも、子どもの障害について「そうであってほしくない」「いつかは他の子どもと同じようになるのでは」と心の底では願っていることがあります。徐々に障害を受け止めて気持ちは前向きになっていきますが、その途上には「自分が悪いのではないか」「きょうだいにどんな影響があるのだろう」と、保護者自身が自分を責めてしまうこともあるのです。

成長と共に徐々に特性が見えてくる発達障害の場合、保護者の受け止め方は様々です。家庭でも困っていて心配事があり、相談をすぐに開始できる場合もありますが、家庭では問題はなく、園生活で課題が見えてくることがあります。その場合は、保護者の方も「子どもの個性だ」

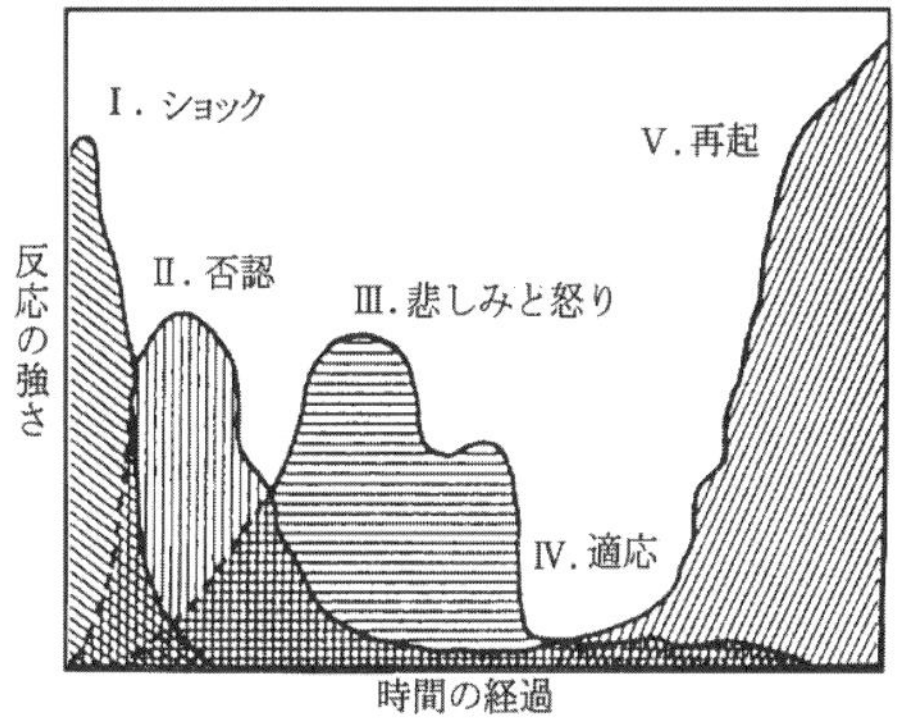


図 2-4　ドローターの障害受容の図

「環境が変われば大丈夫」と思っているかもしれません。中には、自分の子どもの発達に不安を持っていても、それを見て見ないようにしていることもあります。

このように保護者の心理は複雑であり、特に発達障害かもしれないという子どもの保護者への対応には、慎重を期さなくてはなりません。一方で、先ほどから述べてきたように、幼児期に介入すればその後変化する期待が大きいこと、また小学校入学以後とは異なり保育現場ではその困難さに対してまだ柔軟に対応できます。早期介入のための保護者の協力が必要ですが、幼児ということで保護者は受け入れがたい心理状況になることを理解した上で、保護者に対応していくこととなります。

## (2) 保護者の背景を理解した支援

保育者は日々、気になる子どもの保護者に対応する際には、子どものためを思い、保護者にわかってもらいたいと思いながら保護者と関わっています。保育者にインタビューを行い、発達の気になる子どもを認識してから保護者支援を行うに至るプロセスを整理してみました（南・腰川、2018）。まず、保育者が幼児の気になるところを把握し、保育現場の中で支援が始まります（【気になるところを認識・支援する】）。それと同時に、保護者に幼児の状態像をどのように伝えていくのか、わかってもらいたいという思いを持つようになります（【保護者に対する思いを持つ】）。そして保育者は、連絡帳や日々の送り迎え、さらには個人面談で、保護者に対して幼児の様子を伝えていきます（【保護者の理解を求める】）。

しかし、その際の保護者とのやり取りの中で、保護者から受け入れられる、受け止められないという経験をするようになります（【保護者の現実を受け止める】）。そこから、保護者支援がうまくいかない、難しいという感じを持つこともあります（【保護者支援は難しいと感じる】）。やがて、保護者が受け止められないことにはどのような背景があるのかを考え（【保護者の背景を理解する】）、やがて保護者の心を支える配慮や対応を行っていくようになります（【保護者の心を支える】）。

このように保育者は、子どものために保護者に子どもの発達の遅れや偏りを認めてもらい、個別指導の場へつなぎたいと思いを持っています。地域によっては保護者の了解がないと巡回

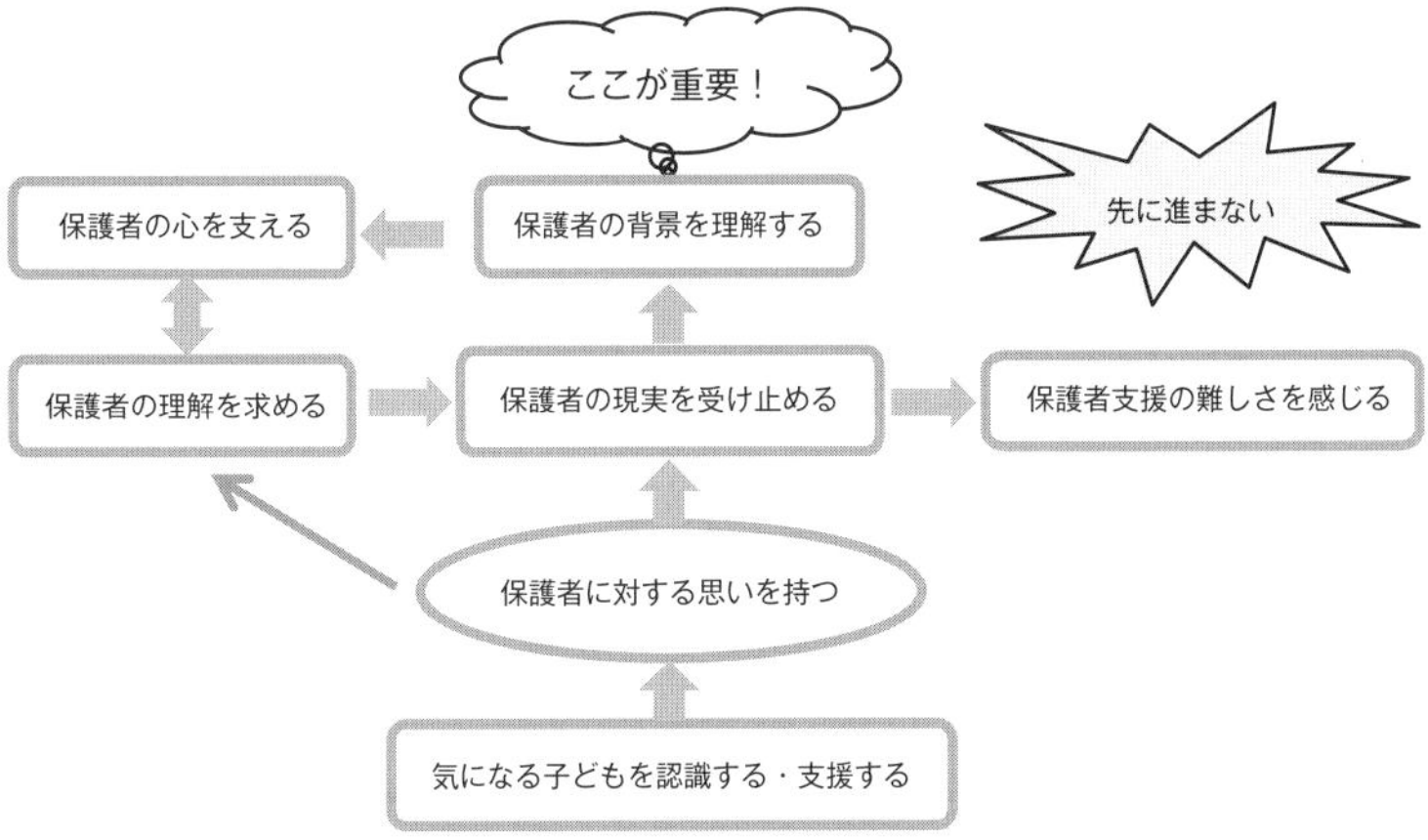


図 2-5　保育者の保護者支援プロセス

相談が受けられないというシステムもあり、より一層保護者の理解を求めざるを得ない状況もあります。保護者の了解が得られたなら、子どもの発達や状況に合った個別指導も行うことが、子どもにとって良い経験になると考えられます。保護者も保育者と思いを共に対応し、子どもにとってより良い支援にしていきたいところです。実際には、保護者が子どもの発達を理解して、個別支援の必要性を了解していない場合は、個別支援を受けることは困難となります。

保護者と同じ思いではない場合に、「なぜ、保護者に子どもの状況を理解してもらえないのだろう」「保護者支援は難しい」と思ってしまうと、その先の保護者へのアプローチや、保育の現場での子どもへの支援になかなか進めなくなってしまいます。大切なことは、保護者が子どもの状況を受け止めらない心理を理解して、ある程度の時間をかけながら保護者にどのようにアプローチしていくのかを考えることです。

そして、保育現場での子どもへの対応や子どもの成長は、なにより保護者の心を動かす大きな力となることを、心に留めておいてください。個別支援を受けることはより良い経験になりますが、子どもの成長につながるものはそれだけではありません。個別指導にも頻度やできることの限界があります。保育現場における集団生活の中には、毎日の積み重ねがあり、保育者や周りの子どもたちからの影響で成長できる機会がたくさんあるのです。

保育現場における子どもの良い側面や、取り組んでいることを保護者に伝えていきます。保育現場の中で子どもの成長が支えられていると保護者が実感できるような、丁寧なアセスメント（実態把握）と支援の計画もどうしたら良いのか、多職種と連携して、あわせて検討していくことが必要になるでしょう。

また、保育では、集団生活の中で子どもができたことや課題を、連絡帳や口頭等で保護者に伝えています。ここで大切なことは、課題があった場合は、どうしたら乗り越えられたか、保育者の取り組みなども併せて伝えてくことです。これにより保護者の方は、それを読み、聞きながら子どもの状態像や対処の仕方、できたことなどを受け止めていくようになります。保育では、子育て支援の役割も担いますので、保護者が少しずつ子どもを理解でき、育児をサポートできるように、このような橋渡しをしていくことが求められているのです。

診断を受ける、受けない、障害の有無よりも、まずはこれまで述べてきたような取り組みを通して、保護者が子育てに前向きになれるようにどうしたらよいのか、一緒になって考えていきましょう。子育てに心配があるときは遠慮なく相談できる人がいる、支えてもらえる場所がある、それを保護者にわかってもらうことが、保護者とその子どもにとって一番大切であり、診断を受ける前に必要なのは、このような信頼関係なのではないでしょうか。

## 5 クラスづくりを含めたアプローチ
### ～インクルーシブな保育・教育を目指して～

ここまでは、クラスの中の障害のある子どもや特別な配慮を必要とする子どもをどう理解するのか、どう支援を考えていくのか〈個人〉に焦点をあてて見てきました。ここからは、子どもたちが在籍しているクラスづくりを含めて、どのように〈集団〉の中の保育を考えていくのか、クラスづくりや担任を支える組織のあり方も含めて考えていきたいと思います。

### (1) 幼稚園、子ども園、保育所の現状

平成三〇（二〇一八）年に学校教育法の一部改正があり、幼稚園、小学校、中学校において

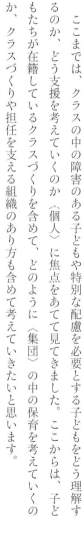

も特別支援教育が始まりました。これをうけ、園、学校内では特別支援行育体制をとることになり、校（園）内委員会において特別なニーズのある子どもについての実態把握や、支援方法の検討が行われることとなりました。平成三〇年の文部科学省の特別支援教育体制整備の調査によれば、公立の小・中学校では、校内委員会の設置や特別支援教育コーディネーターの指名はほとんどの学校で実施されているということでした。一方で、認定こども園、幼稚園での園内委員会の設置や特別支援教育コーディネーターの指名の割合は低く、小・中学校と同様の特別支援教育体制整備としては進んでいないという現状があります。この背景には、前に述べたような、幼児期の子どもの状態像が成長途上のものであるのか発達特性によるものなのかの判断の難しさがあること、保育は小学校以上の授業とは異なり自由度が高く、子どもへ柔軟な対応ができることが挙げられます。これらのことから、園内委員会や特別支援教育コーディネーターを指名しなくてもよい、園内のシステム作りがなされていることも考えられるのです。

文部科学省の特別支援教育体制整備では、特別支援教育に関する教員の専門性の向上（校内研修の実施、外部研修の参加）についても求めているため、発達障害についての研修が行われるようになってきました。このような研修により、保育者の中でも発達障害を含めた障害についての知識は広がっています。ところが、それによって発達障害の状態像が理解されるようになったことから、目の前にいる子どもの状態像を発達障害として理解を結び付けやすくなりました。また、園内や学校内で支援体制が整えられ、担任が一人で障害のある幼児、児童を支えるのではなく、園や学校が組織として担任や支援対象となる幼児、児童を支える仕組みがつくられたことは、大きな成果であるといえます。保育所は、厚生労働省の管轄のため、特別支援教育体制下にはありませんが、特別な配慮を要する幼児の巡回相談体制や所内の相談体制づくりは行われています。今後は、それぞれの学校種、保育所でより良い子どもの実態把握の方法、支援の検討方法、研修のあり方を吟味し、高めていくことが求められるでしょう。

そして、**インクルーシブ教育**という視点が文部科学省（二〇一四）から示されています。これまでは必ずしも十分に社会参加できるような環境になかった障害のある人たちが、積極的に参加・貢献できるような「共生社会」を形成するために、誰もが相互に人格と個性を尊重し支え合い、人々の多様な在り方を相互に認め合える、「全員参加型の社会」に向かっていくという視点です。そのような社会の構築に向かって障害のある人と障害のない人が共に学ぶ仕組みがインクルーシブ教育です。障害のある人が「general education system」（教育制度一般）から排除されないために、自己の生活する地域において初等中等教育の機会が与えられること、個人に必要な「合理的配慮」が提供されること等が必要とされるようになりました。

インクルーシブ教育・保育という視点で現状をとらえると、幼稚園、子ども園、保育所では、ほとんどの現場で障害のある子どもも一緒に生活しており、子どもたち同士は、障害のある子どももない子どもも、お互いの多様性をまるごと受け止めています。時には、「どうして○○くんだけいいの？」「どうして○○ちゃんはできないの？」と、率直な疑問を保育者にぶつけながら、子どもたちは、多様な個性の理解をしているのです。その一方で、これまでの事例からもわかるように、保育者たちは一人ひとりの子どもへの対応に苦慮することもあります。一人ひとりへの支援と集団との兼ね合い、集団の中の学びの重要さと現代のインクルーシブ教育・保育がどうあるべきかが問われているのです。

## （2）集団における多様な子どもの理解

以上のような教育や保育における動きの中で、集団における多様な子どもの理解という観点で、特別な配慮が必要な子どもと集団である周りの子どもとの関係を見ていく必要があります。見直す一つには、保育者と子どもとの関係性も含まれています。

幼児期は集団の中での活動を経験して、人との関わり方や集団における適切な行動を獲得していくことも発達課題として重要です。平成三〇（二〇一八）年に改訂された幼稚園教育要領や保育所保育指針、認定こども園保育教育要領では、幼児期の終わりまでに育てたい力として「十の姿」の内容を挙げています。「十の姿」の中には、協同性や道徳性・規範意識の芽生え等も挙げられており、このような力は、友だちとの関わりや集団の中で培っていきます。保育者は、このような力を育てることを目指して、様々な活動を設定し、工夫をしているのです。

保育者は子どもたちに、人との関わりの楽しさを知りながら、集団のルールを身につけ、集

表 2-2　幼児期の終わりまでに育ってほしい姿
幼稚園教育要領など（2018）

10の項目
（ア）健康な心と体
（イ）自立心
（ウ）協同性
（エ）道徳性・規範意識の芽生え
（オ）社会生活との関わり
（カ）思考力の芽生え
（キ）自然との関わり・生命尊重
（ク）数量・図形、文字等への関心・感覚
（ケ）言葉による伝え合い
（コ）豊かな感性と表現

団への参加の楽しさを知り、みんなと一緒に楽しく活動を続けてもらいたいという願いがあります。多くの子どもたちは、集団で一緒に動く中で、周りの子どもと関わる機会を増やし、ときには友だちとけんかをしながら、関わるスキルや集団の過ごし方のスキル、周りを見る力を獲得します。また、周りの子どもと一緒の活動が楽しいと実感でき、良いイメージを持てることが、次の活動への意欲につながっています。

集団の中で活動することに困難さのある子どもは、興味のないことへの取り組みの難しさ、活動の見通しがつかないことへの不安感、集中力が続かずに活動への参加が持続しにくいこと、集団活動の楽しさが感じられない等といった多様な背景により、集団に参加ができないことがあります。そのような場合、保育者は、集団の活動に入れないことを気にすることがありますが、何よりもまずクラスの集団の中には多様な子どもがおり、「集団に入りにくい、今は入れないこともある」と理解しておくことが必要です。さらに、子どもが意思表示をできるのであれば、集団の活動に入りにくい、今は入れないのはどうしてなのかを、子どもならではの表現でも良いので、聞き取ってみることを勧めたいです。

例えば、「○○はしたくないから」と表現してきたら、「そうか、今日はこの活動をしたくないのだね。どうしてしたくないの？」と踏み込んで聞いてみると、その理由が言えるかもしれません。その理由が理不尽であったとしても、子どもの意思を尊重し、「そうしたら、今日は、ここでみんなを応援しようか」と応えていくといいでしょう。できれば、集団の活動が見えている位置に居られるような工夫をしてみましょう。その位置をどこにするのかは、参加したくない理由に合わせて、子どもの安全を図りながら、保育者を配置するといった対応が必要となることもあります。このように集団に参加できなかった子どもが、楽しそうな周りの子どもの姿を見ることで、次の機会には参加ができることもあるかもしれません。また、集団の活動ではなくて、「○○をしたい」というように行いたい活動の希望を持っていることもあります。周りの子どもたちにも「○○さんは、今日は見ていたいみたいだね」「○○くんは、次の時にきてくれるかな」と、参加しない理由と保育者の期待を伝えていくと良いでしょう。

このような保育者の働きかけを通して、子どもは自分の思いが受け止めてもらえることを経験し、認めてもらえたことに安心感を持つことができます。こうした働きかけをしながら、周りの子どもと一緒に活動できることは何かを探っていき、少しでも参加できて面白かった、楽しかったという体験も積み重ねていくことが必要です。子どもの好きなことばかりしている、わがままを通しているという視点ではなく、子どもの集団の活動に対する思いを受け止めつつ、集団の活動でできる部分から参加の機会を探していく、できる参加から集団をつなげていくという働きかけが求められるのです。

## (3) みんなと一緒で楽しい:「がんばりクラブ」の例

集団の中で、どのように子どもの育ちを支えるのかについては、いろいろなアプローチがあります。具体的にはどのような方法があるのか、取り組みの例を以下に紹介します。

巡回相談の中で、発達支援センターでの個別指導を受けている子どもが四人、それ以外に家庭環境の課題がある子どももいるという、五歳児クラスの相談を受けました。相談を受けた当初の様子は、特別な配慮を必要とする子どもたちは少し元気がありすぎるようで、個別の子どもへの支援を行う加配の保育者がそれぞれの子どもについていないとき、ちょっとでも他の子が近くに行くとたたいてしまい、保育室を走って出てしまうこともありました。朝の集まりでは、他の子どもたちの近くで、別の活動をする個別支援を受けている子どもたちが過ごしていました。

そこで担任の保育者は、体力があり、元気がある特別な配慮を必要とする子どもが、少しでも体力を発散できるよう、朝の集まりの前に「がんばりクラブ」を作りました。これは、クラスの子どもたちをホールに連れていき、音楽をかけて、ホールを走る活動です。担任の狙いとしては、体力を発散することで気持ちも落ち着き、友だちとのトラブルを減らして過ごせることにありました。特別な配慮が必要な子どもたちも、クラスの子どもたちも音楽に合わせてホールを嬉しそうに走り回ります。

一緒に遊ぶことや、そばにいるだけでもなかなか難しい子どもたち同士が、「がんばりクラブ」では、どの子どももにこにこしてホールを走っており、走り終わったときには、お互いに「やったー」と喜び合う姿がありました。観察の中で、子どもたちは、保育者の狙い以上の「クラスの子どもみんなで取り組んだ充実感」を抱いており、クラスで一緒の活動が難しい場合でも、保育者の働きかけの工夫次第で「参加する」こと「一緒に楽しむ」ことが可能であることを実感しました。

その後、特別な配慮が必要な幼児と近くに座ってもトラブルがおきにくい子どもを探り、試すことで、個別支援を受けていた子どもは少しずつクラスの子どもの近くに座れるようになり、グループ活動を行う中でグループの一員という意識が芽生えるようになっていったのです。

特別な配慮が必要な子どもに、いきなり『ほかの子どもと一緒に活動するように』と促しても難しかったと想像できますが、「がんばりクラブ」での活動で、クラスで一緒に楽しむこと

ができたという経験は、子どもたちがお互いを認め合う土台となったと考えられます。ただ、「ホールで走りましょう」と促すだけなら、子どもも意欲がわきませんが、子どもたちに走りたい、頑張りたいという意欲を引き出すことも、保育者の設定の仕方、言葉の掛け方次第です。まずできそうなところを活用して、みんなと一緒で楽しいことをどのような活動なら経験することができるかを考えていきましょう。

# 6 多職種がチームとして協働するために
## ～わかっておきたいこと～

障害のある子どもは、医療機関、保健所等の医療・保健の領域、発達センター等の福祉の領域、福祉の領域の中の保育所または幼稚園、子ども園、小学校等の教育の領域といった複数の専門家との関わりを通して成長します。異なった領域の専門家による多職種連携は、巡回相談などを通して、教育・保育と福祉の間では、一部行われるようになってきました。

さらに、文部科学省（二〇一六）は、「チームとしての学校」として、教員に加えて、多様な専門性を持つ職員の配置を進めるとともに、教員と多様な専門性を持つ職員が一つのチームとして、連携、協働することができるよう学校の組織としての在り方や、学校の組織文化に基づく業務の在り方などを見直していくことが必要であると提言しています。今後、多職種連携は、当たり前のように学校、保育現場でも行われるようになるでしょう。

筆者が所属する聖徳大学では新しい試みとして、これまでの巡回相談のような心理職と保育者だけの連携ではなく、今後の多職種連携を見据えて、まずは医師と心理職、保育者、教師が連携し、子どもの発達を支える組織を作り、各専門家が連携・協働に取り組み始めています。本節では、これまでの巡回相談や聖徳大学の取り組みの中で見えてきた、連携や協働に向けたポイントについて、心理職の立場から検討していきたいと思います。

## (1) 保育者、教師および医師との協働とは

巡回相談の前提として、心理職と保育者、教師および医師では、子どもの見方、とらえ方が違うということを、頭に置いておく必要があります。

心理職としては、自分の考え方を押し付けるのではなく、保育者と一緒に子どもの行動をとらえ直していくことに重点を置いています。そして、話し合いの場に保育者が複数参加できる状況であれば、それぞれの保育者が気になっている行動をどのようにとらえているのかを聴き取ります。ここで、一番大事な質問は、「気にならないときはどのような場面なのか?」になります。

この質問により、一緒に子どものいろいろな場面を具体的に思い起こしていく中で、担任の保育者は自分の気が付かなかった子どもの良い側面を見つめ直すことができます。気になることだけの注目ではなく、良いとき、気にならないときには、どういう条件があるのかを再確認することができるのです。心理職としての意見を押し付けるのではなく、保育者自身が子どもを肯定的にとらえられて、「できること」に注目し、できるときの条件を活かせるよう、そのための気づきを促す機会を設けていくのです。このような「気づき」を促すための話し合いの進

め方は、心理職がいない保育者同士の話し合いの時にも有効です。また、前半で述べたように子どもの行動の背景の検討、なぜこのような行動が引き起こされるのかということについて、改めて保育者から意見を述べてもらいます。これらのやりとりを丁寧に行うことが、次の支援につながっていきます。

以上のような、複数の保育者と事例検討を行うことを**保育カンファレンス**と呼び、その中で保育者が主体的に問題解決へと向かう姿勢をどのように支えていくのか、それにはどのような条件が必要であるのかという観点からの研究も進められてきています。そうした研究から、話し合いの中でありがちな、経験からの子どもの支援の押し付け（ダウンローディング）は、保育者の子どもを見立てる視点を固定化してしまい、柔軟な発想を生まないことも明らかになっています（松井、二〇〇九）。心理職ももちろんですが、保育者も誰かに支援の方向性をゆだねるのではなく、参加している一人ひとりが発言し、多様な角度から見えた子どもの姿を共有できるように設定していくことが必要になります。

心理職の大きな役割として、支援を考える際に一度、保育の枠組みを外してみることを提案するというものがあります。保育者の中にある、今までの保育や「○○をやらねばならない」という意識を取り払って、子どもに応じた保育のあり方を再構成するヒントを提供するということです。そのために心理職は、時にはちょっと突拍子もないと思えるようなアイデアを提案してみると、保育者の持つ保育の枠組みを再検討するきっかけになるかもしれません。

心理職、保育者といった異なる専門性を持つ者が、お互いの高い専門性を尊重し、連携することの意味は、子どもをもう一度見つめ直し、どちらかに依存するのではなく、同じ立ち位置で子どもの姿を検討し、支援のアイデアを一緒に考えていくことにあります。このような連携のあり方が、これからの「専門家同士の協働」を高めていくことにつながっていきます。今後、保育の現場でさらなる協働が積み重なることに期待していきたいと思います。

## (2) 医師の視点を活用する

これまでの保育の現場での巡回相談は、心理職と保育者が中心でした。ではそこに医師が加わることの利点はどういうものでしょうか。詳しいことは3章で述べられていますが、心理職の立場からみると、まず医学的な見地から子どもをとらえてもらえるということが最初に挙げられます。医師の視点から子どもの状態像を見立て、それをどのように考えているのかを伝えてもらうことが可能です。そして医師にしかできない薬の投与が必要かどうかも視野に入れながら、子どものその後にとって正式な診断を受けることの意味をアドバイスしてもらうことができます。このような診断名や医学的見地からの見立てを子どもを見る視点の1つとすることで、より子どもの理解を深めることができ、これまで述べてきたような子どもの行動の背景も丁寧に検討できます。

しかし、ここで気を付けてほしいことがあります。巡回相談における医師の役割は、決してその場で診断名を伝えるということではないということです。巡回相談のメンバー間では、保育者とともに子どもを見ていく姿勢を持ち、医師や心理職もあくまで協働する立場であるということを、事前に申し合わせておくことが必要であるでしょう。引き続き聖徳大学の取り組みにおいて専門家同士の連携と協働を行う中で、さらにどのようなことに気を付けたらよいのか、連携が有効であった事例や場面を積み重ねていくことで、多くの園や学校現場における多職種連携の道標となっていくことを期待しています。

**参考文献**

松井剛太（二〇〇九）保育カンファレンスにおける保育実践の再構成―チェンジエージェントの役割と保育カンファレンスの構造―。保育学研究。第四十七巻第一号。十二―二十一
松本信吾・中坪史典・杉村伸一郎・林よし恵・日切慶子
文部科学省（二〇一九）平成三〇年度 特別支援教育に関する調査結果について。文部科学省ＨＰ https://www.mext.go.jp/content/20191220-mxt_tokubetu01-000003414-01.pdf
文部科学省（二〇一四）共生社会の形成に向けたインクルーシブ教育システム構築のための特別支援教育の推進（報告）概要。文部科学省ＨＰ
https://www.mext.go.jp/b_menu/shingi/chukyo/chukyo3/044/attach/1321668.htm
文部科学省（二〇一六）「チームとしての学校」の在り方。文部科学省 HP

https://www.mext.go.jp/b_menu/shingi/chukyo/chukyo3/siryo/attach/1365408.htm
南千尋・腰川一恵（二〇一八）「気になる子ども」の保護者と保育者との関係性構築に関する研究―巡回相談や他の保育者が影響するプロセス―。日本発達障害学会第53回研究大会
腰川一恵（二〇〇三）地域支援システムにおける乳幼児検診とフォローアップ体制。発達障害支援システム学研究、三（一）、三九―四四

第 3 章

# チームにおける医師の役割

久保田健夫

# 1 なぜ医者の自分がアウトリーチ活動に参加するようになったのか

## (1) 遺伝子研究漬けの留学時代

まずは発達障害の遺伝子研究者であった人間が、なぜ実践の場の発達障害児の早期介入を目指したアウトリーチ活動に参画するようになったのか、その経緯をご説明したいと思います。

一九八五年に北海道の医学部を卒業すると実家のある東京に戻り、都内の大学病院の小児科に入局しました。小児科の大学院にも在籍しつつ、勤務は新生児病棟になりました。当時の新生児医療は長足の進歩を遂げていた時期で、呼吸、循環、栄養の管理の技術の向上により、一〇〇〇グラム未満の超低出生体重児が救命できるようになっていった時代でした。全国の大学病院や市中病院に設置された新生児センターでは、出生体重の最低記録が競うように発展し、我が国の新生児医療が世界一のレベルになりました。しかしこのような進歩をよそに新生児病棟には、依然として治療法がなく退院できずに長期の入院を強いられている先天性異常をもつ新生児が存在しました。それが先天異常症です。

一方、ＤＮＡ操作技術が開発され、病気の原因となっている遺伝子を見つけるポジショナル・

クローニング法が米国ミネソタ大学のフランシス・コリンズらによって考案されました。そのおかげで、それまで原因不明であった先天異常症の原因が遺伝子レベルで明らかにされていきました。

原因がわかればそれに基づいた治療法が開発できる、そんな期待をみんなが抱いた時代が訪れました。DNAに傷がついて働かなくなっている遺伝子を正常な遺伝子に交換すれば病気は治せるという発想です。自分としては、この技術、遺伝子治療を学んで、また新生児病棟に戻り、取り残されている子どもたちを退院させてあげられたら、と考えるようになったのです。

大学院を修了したあと医局長の許可を得て、遺伝子研究をしている長崎の研究室に国内留学しました。そこで遺伝のいろはから学びました。一年が過ぎた頃、研究室に突然アメリカの研究者が訪ねて来ました。大阪で行われたセミナーの帰りに、研究室の教授に連れられて立ち寄られたのです。それはちょうど日曜日の夕方でした。研究室には自分の他は誰もいなかったのです。そこで、教授の指示のまま夕食をとれるレストランを予約し、教授とアメリカ人研究者、私の三人で夕食をとりました。

結局それが縁で、翌年の一九九三年から、その研究者が主宰する研究室のあるアメリカ南部のテキサス州の医科大学に留学することになりました。赴任してアパートを決めたのもつかの間、今度は研究室が首都ワシントンに移動することになりました。場所は国立衛生研究所（NIH）でした。先に述べた遺伝子探しの名人のフランシス・コリンズを中心に、ヒト遺伝子をすべて見つけ出す国際ヒトゲノム解読計画の中心となる国立ヒトゲノム研究センター（NCHGR）がNIHにできたからです。

研究室の急な移動には驚きましたが、NIHへの移動はうれしく思いました。なぜなら世界で最初に遺伝子治療を行なった研究所だったからです。

さらに驚いたのは、その遺伝子治療の研究室がわれわれの研究室の一つ下の三階に移ってきたことでした。早速、その研究室で働いていた日本人研究者に遺伝子治療の現状について聞いてみました。その結果、意外な答えが返ってきたのです。

それは「成功したと発表された遺伝子治療が実は、本当には効いたかはわからない。なぜなら遺伝子治療だけではなく、従来から続けていた酵素補充療法も同時に行なっていたからだ。だから、患者が良くなった理由が遺伝子治療なのか従来の酵素補充療法なのか区別できないのだ」というものでした。

結局、留学中の研究テーマは遺伝子治療ではなく、DNA上の飾りつけ（エピジェネティクス）が関係する先天異常症となりました。エピジェネティクス（epigenetics）とは、遺伝子学（genetics）に「周辺」とか「うわべ」を意味する「epi-」という接頭辞が結合した造語であり、遺伝子DNAの周辺にある要素（DNA上の飾りつけ）を探求する学問分野のことを意味します。この飾りつけが一遺伝子のスイッチが遺伝子の働きを左右することが次第にわかっていったのです。

ＮＩＨに移った二年後の一九九六年に、再び研究室が移動することになりました。今度は中西部のシカゴでした。そこは国立の堅苦しかったＮＩＨと異なり、夕方はいつも研究室の仲間とソフトボールに興じる余裕、そして自由を謳歌できる私立大学でした。その中で、それまでの停滞がうそのように研究が進み、その結果、世界初の「エピジェネティクスに基づいた疾患の診断法」を考案することができました。その成果は引用度数が当時世界トップの英国の遺伝学雑誌ネイチャー・ジェネティクス誌に掲載されました。一九九七年春の帰国が目前に迫った時でした。

## (2) 遺伝子が養育環境の影響を受けることを知る

二〇〇〇年代に入ると、エピジェネティクスが環境の影響を受けて変化することが判明しました。エピジェネティクスが先天異常症の原因になっているだけでなく、後天性疾患の原因にもなっていることがわかり始めたときでした。エピジェネティクスはＤＮＡ上の飾りつけに基づくしくみであり、飾りつけがなされたり、それが取れたりすることで遺伝子がＯＦＦになったりＯＮに戻ったりする可逆性のあるメカニズムでしたので、環境で変わってしまっても薬などで元に戻せることが期待されました。すなわちエピジェネティクスは後天的に変化して病気を生じさせるのだけれど、薬など適切な手立てを施せば、原理的には、元に戻せる、修復できる、治せるということが期待されたのです。

このような流れから、病気を治したいという医者本来の気持ちを持つ私の興味も、「診断のための先天性疾患のエピジェネティクス」から「病気を治すための後天性疾患のエピジェネティクス」にシフトしていきました。

## (3) 学校の先生からいただいた一言

以上のような内容の話を母子保健の講演会でお話しさせていただいた時、小学校の先生が来られていて、貴重なコメントをくれました。「子どもの将来が遺伝子で決まっていたら、われわれ教育者は必要なくなる。遺伝子が環境で良くも悪くも変わるからこそ、われわれ教育者の存在価値があるのだ」と。この先生との接点が、「より多くの教育分野の方にもエピジェネティクスの考え方を知っていただきたい」と考えるきっかけになりました。

それ以降、研究はエピジェネティクスを介した発達障害と養育環境に関するものになっていきました。さまざまな先生方との共同研究の中で「DNAを共有している一卵性双生児の間でもエピジェネティクスは後天的に違っていき、病気の重症度も違ってくること」、「自閉症患者の神経細胞の中ではエピジェネティックなしくみが破綻して、不要な遺伝子が脳の中で働き出して雑音が奏でられること」、「妊娠中の喫煙は胎児のエピジェネティクスを変化させて病気の源を作り出すこと」、しかし「すぐに禁煙すればエピジェネティクスの異常の発生が回避されて病気の源の形成が予防できること」を明らかにしてきました。

## (4) 臨床心理士と協働の大学病院の外来

一方、大学病院の中には遺伝子疾患専門のセンターを立ち上げました。その中で、ディシェンヌ型筋ジストロフィーと診断された一歳の男児に出会いました。この病気は、従来、筋肉組織が溶け出して、麻痺して二〇歳ぐらいに亡くなるとされていた病気です。

この男児は高熱が出て病院を受診したところ、たまたま行なった血液検査で筋酵素（ＣＫ）の値が正常の一〇〇〇倍もあることが判明しました。先天性の筋疾患の可能性が示唆されたのです。このため東京の専門病院を紹介され、そこで遺伝子検査を受けました。その結果、ディシェンヌ型筋ジストロフィーの診断が発症する前に確定してしまったのです。その後、診断通り、三歳になった頃にふくらはぎがパンパンになるなど徐々に症状が出始めました。

当時、専門病院ではステロイド剤の治験が行われていたことから、まだ症状が軽いうちに治療が始められました。ステロイド剤にはこの病気の筋肉の変性を遅らせる働きがあるとされたためで、当時、最も早期に治療が開始された患者の一人となったのです。その結果、ディシェンヌ型筋ジストロフィーの子どもには無理とされていた徒歩での通園や、遠足への参加が可能で、驚いたことに自転車にまで乗ることができるようになったのです。

実はこの、遺伝子疾患専門のセンターの立ち上げに際しては、治療法のない疾患に対する遺伝子診断の実施を考え、心理的なケアができるカウンセラーを雇用しました。このカウンセラーが地元の学校のスクールカウンセラーを兼任していたので、患児の保護者から就学に際してのさまざまな質問にも対応していました。その中で、就学予定の地域の小学校にエレベーターを設置してほしいと、男児の両親が教育委員会に要望したのですが、皮肉なことに、この事例ではステロイド剤が奏功して問題がないとされ、その要望は却下されてしまいました。

## (5) 早期介入効果を示唆する基礎研究結果

先ほど留学中に考案した「エピジェネティクスに基づいた診断法」について紹介しました。このとき対象にしたのがプラダーウィリー症候群という病気でした。乳児期から猛烈に食欲が出てくる病気で、その結果、肥満や糖尿病になってしまう病気です。考案した診断法の普及により、食欲が出て肥満になる前に診断され、食事に気をつける事例が多くなり、その結果、肥満を呈する患者が減少しました。また肥満予防に成長ホルモンが有効であることがわかり、筋肉が増強することで運動能力が増すといった身体的な改善に加え、行動力も向上し、精神的にも良い影響を及ぼし、情緒面での改善も図られるようになりました。つまり、症状が出る前に診断をすれば早期介入が可能となり、さまざまな面でプラスの影響を与えることが可能になったのです。

このように、デュシェンヌ型筋ジストロフィーやプラダーウィリー症候群といった先天性疾患において、早期介入が患者の予後を大きく変えることを実感した経験から、聖徳大学に赴任直後に山口豊一先生に出会い、発達障害のある子のための早期介入のためのアウトリーチ活動のお話を聞いたときは、すぐに「参画させてください」との返事をいたしました。

## (6) 聖徳大学にて

山口先生と私は、二〇一七年四月採用の聖徳大学の同期で、赴任直後の新任研修では男性の教員が二人しかおりませんでしたので、研修中さまざまな話をさせていただきました。その中で、子どもの健康に関わる学術雑誌の同じ号に山口先生の論文と私の論文が相次いで掲載されていたことにも気づきました。

赴任する前、山口先生は前任地で医師と一緒に発達障害支援活動を行った経験をお持ちで、「連携」ではなく「協働」というかたちで支援活動を行ってみたいと考えておられ、私の方も大学病院で臨床心理士との外来を経験しておりましたので、臨床心理士と医師のアウトリーチ型活動に躊躇はありませんでした。

そこでまず、二人で聖徳大学の地元の教育委員会を訪ね、アウトリーチ発達支援活動の申し出を行いました。具体的には近隣の小学校で発達障害傾向のある子どもへの手だてで苦労されておられる事例があったら、その学校を訪問して専門的アドバイスを行わせていただきたいとの申し出でした。

その直後、聖徳大学内の附属幼稚園の一つで発達支援の要請が参りました。その事例を皮切りに医師と心理職の協働アウトリーチ活動が開始されました。その後、聖徳大学のその他の附属幼稚園、大学の近隣の小中学校で支援活動を行うようになり、腰川一惠先生をはじめ臨床心理士、公認心理師の資格を持っている数名の教員にも参画してもらい、二〇二〇年の二月に、この組織を「聖徳大学児童学研究所エピジェネティック研究部門（発達支援研究部門）」として認めていただきました。

以上をふまえ、本章では、発達支援は早期であるほど有効であることの科学的根拠と、アウトリーチ活動に医師が加わることの科学的意義を概説し、医師が加わったことで効果について事例を通じて紹介し、最後にこのようなアウトリーチ活動への若手医師の参画の期待について述べたいと思います。

# 2 発達支援はなぜ早期に行うべきなのか ～その科学的根拠は何か～

## (1) 遺伝子のイメージチェンジ

突然ですが、読者のみなさんは遺伝子がどのようなものであるかご存知でしょうか。

一九五三年、遺伝子、ＤＮＡの形と働きが明らかにされ、英国の科学雑誌ネイチャーに報告されました。その論文の中で、ＤＮＡは二重らせん構造を取っていること、そしてこのおかげで細胞が分裂するときにらせんが解けて別れ、それぞれが複製されるので、細胞分裂後もＤＮＡは半分の量にならず元の量を維持できることが示されたのです。遺伝子の構造としくみを見出したワトソンとクリックは史上最速で一九六二年にノーベル賞が与えられました（余談ですが、山中伸弥先生はｉＰＳ技術を二〇〇六年に発表し、二〇一二年にノーベル賞を受賞され記録を塗りかえられました）。

ＤＮＡそのものは極めて細い糸のようなもので顕微鏡でも見えないのですが、ＤＮＡがヒストンタンパク質に巻きつき、さらに高度に折りたたまれた状態になると顕微鏡で見ることができます。これが染色体です。

DNAはヒストンタンパク質に巻きついているのが基本ですが、例外が一つあります。それは精子の細胞です。精子の細胞においてはヒストンタンパク質ではなくプロタミンタンパク質にDNAが巻き付いています。プロタミンへの巻き付き具合はヒストンよりも緩く、したがって外界の影響を受けやすく、変化が生じやすいと考えられています。その結果、男性の精子は歳をとるにつれ変異が集積されます。実際、高齢男性の子どもは遺伝子の傷が多いことから自閉症や精神疾患を持つリスクが高くなることが英国の科学雑誌『ネイチャー』に報告されました。これまで女性が高齢になるとダウン症の子どもを産む可能性が高くなることは知られていましたが、実は女性だけでなく男性も、高齢化すると子どもが障害を持つ可能性が高くなることを示しているのです。

話をDNAに戻しましょう。DNAは細胞の中の核と呼ばれる場所に染色体のかたちで収められています。細胞の直径は約一〇ミクロン（一〇〇分の一ミリメートル）ですが、その中に存在するDNAの長さは二メートルにも及びます。つまり小さな細胞の中に二万倍もの長さのDNAが要領よく折りたたまれて収められているのです。

この細胞の直径よりはるかに長いDNAの上に遺伝子が点在しています。その数は約2万です。そしてそれぞれの遺伝子はスイッチを持っています。具体的にはDNA上の遺伝子のすぐ隣にオンとオフを切り替えるスイッチの役目を果たすDNA領域があるのです。この部分のDNAに飾り付けが施されることで遺伝子はオフになります。飾り付けとはDNAにメチル基

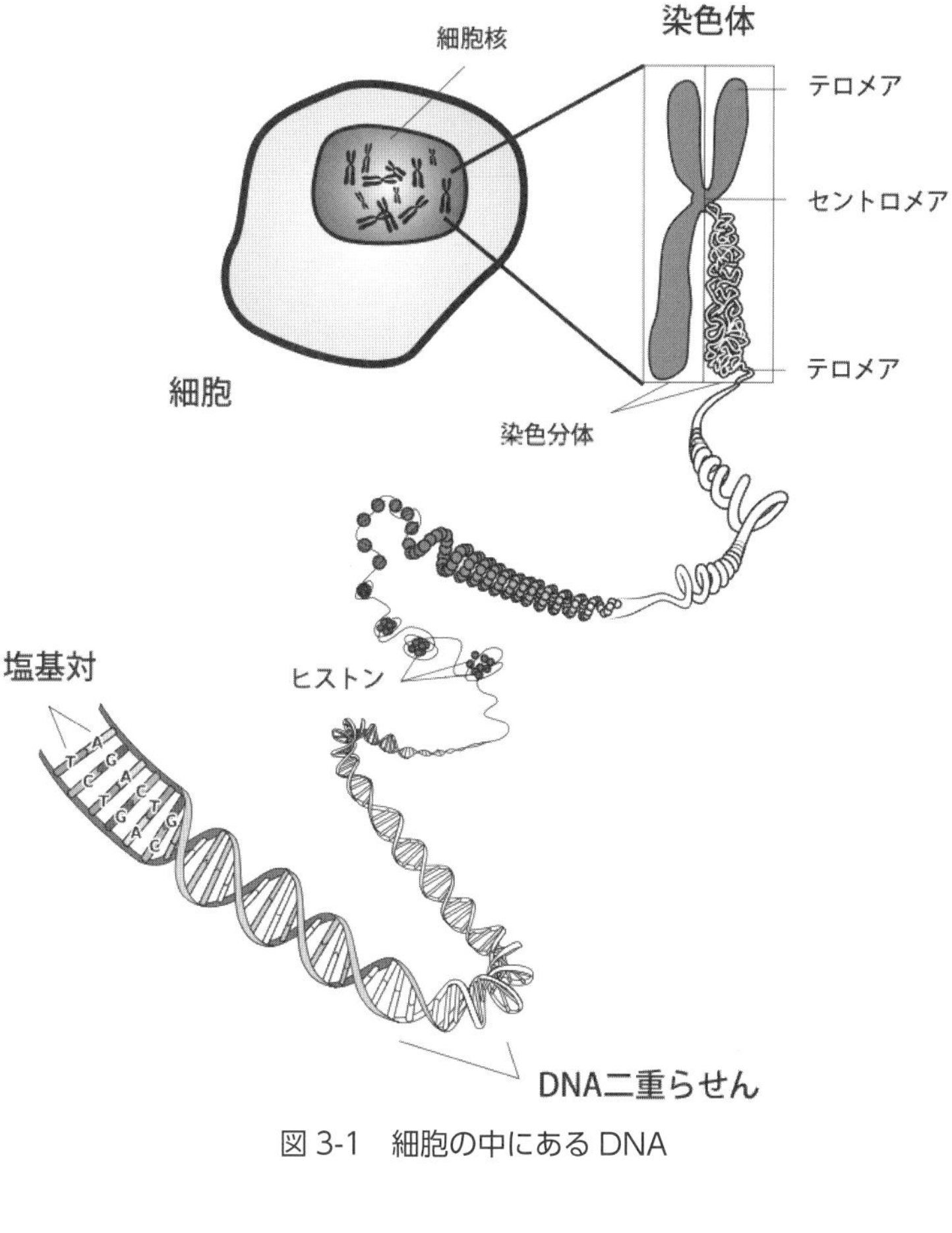


図 3-1　細胞の中にある DNA

($CH_3$)が結合することです。これを「DNAのメチル化修飾」あるいは「エピジェネティックな修飾」とよんでいます。

DNAという言葉はテレビやさまざまな広告でも使われるようになりましたが、決まってそれは「一生変わらない個性の源」という意味で使われているものと思います。一方、新しい遺伝学研究分野のエピジェネティクスはこの概念を覆し、**遺伝子のイメージは静的で不変ではなく、動的で可変性のあるもの**との理解を示すに至ったのです。

## (2) 遺伝子から見た養育環境

みなさんは自分が受精卵だった頃、そして受精卵が卵割し、次第に心臓や眼などができていった頃を覚えていますか。覚えているわけがないとおっしゃらずにこの先もお読みください。

受精卵がさまざまな細胞に分化しておよそ二〇〇種類の細胞が生み出され、そしてさまざまな臓器が作り出されます。そのとき作り出された細胞や臓器のDNAは同じでしょうか。それとも違うのでしょうか。

実は細胞や臓器の種類が違ってもDNAは同じなのです。全身の細胞でDNAは共通なのです。なぜなら一つの受精卵のDNAが複製して分裂してできていったからです。それでは、DNAが同じなのにどうしていろいろな種類の細胞が臓器を作られるのでしょうか。それは細胞の種類ごとに働いている遺伝子が違っているからです。

およそ二万種類のDNAのうち神経細胞では神経機能に必要な遺伝子だけが、皮膚細胞では神経細胞とは異なる皮膚の発生や維持に必要な遺伝子だけが働いているのです。言い換えれば、その細胞に必要ない二万個のうちの残りの遺伝子はオフになっているのです。これら不要な遺伝子をオフにし、おとなしくさせているのがエピジェネティクスなのです。

もしこのしくみが壊れてオフにできなくなったらどんな病気になるのでしょうか。がんがその一つです。または自閉症もそのような一つであることもわかりました。具体的には、自閉症状を呈するレット症候群患者の神経細胞の中では、本来働くべきでない遺伝子をオフにできず働かせてしまっていることがわかったのです。

このような生まれつきのエピジェネティックな異常はレット症候群に限らず、いくつもの先天異常症で見られることがわかってきました。しかし遺伝学の分野でセンセーショナルであったのは、**エピジェネティックな異常が生まれつきだけでなく生後にも生ずること、さらには劣悪な環境がこれを生み出すことがわかった**ことでした。

先ほどお話ししたように、受精卵からさまざまな細胞ができる過程でDNAの上に細胞の種類に合ったエピジェネティックな変化（化学修飾変化）が生じ、このプログラムに従って神経細胞や心臓の細胞などが作り出され、またいったんでき上がった細胞は各々の細胞の性質を維持するために、固有のエピジェネティックなパターンが一生涯変えず維持されると理解されてきました。

しかし二〇〇四年にカナダの研究グループは、幼少期の短期の環境がこのパターンを狂わせ、発達障害様の症状が実験動物に見られることを示したのです。具体的には生まれたばかりの赤ちゃんラットを母親から引き離して育てたところ、脳内のホルモン遺伝子のスイッチがOFFになり、その後、生涯にわたる行動障害が認められるようになったとの報告でした。

これは我が国のことわざ**「三つ子の魂、百まで」の生物学的理解**であり、イギリスのBBC放送はこの研究を児童虐待（育児放棄）のモデルとして報道しました。

DNAは長い人生の中で次第に変異を生じ、最終的には細胞をがん化させること、そこには放射線を始め、さまざまな環境が関与すると考えられていました。これに対してDNA本体ではなく、うわべの修飾の方はたった一週間の母子分離という精神ストレスで変化してしまうこと、すなわちDNAそのものより短期の環境ストレスで変化することがわかったわけです。

## （3）劣悪な環境が作り上げる病的体質とその遺伝

読者の皆さんにもう一つお聞きします。キリンはどのように誕生したと思いますか。もともと馬であった種の中で突然変異で首の長い子どもが生まれ、この体質が以後の世代に継承され、キリンという種が確立されたのでしょうか。それともエサとなる草が少なくなり、地面の草から食い尽くされ、木の上の葉を食べることになり、前の世代が低い木の葉を食べ尽くしてしまったので、次の世代はそれよりも高い葉に首を伸ばして食べることになり、こうしたことが代々繰り返されたために、次第に首の長いキリンという種ができ上がっていったのでしょうか。すなわち先祖たち代々の努力がキリンという種を誕生させたのでしょうか。

前者の考え方（突然変異）をダーウィンの進化論、後者の考え方（獲得形質の遺伝）をラマルクの進化論と呼んでいます。

この一〇〇年間、生物学の世界ではダーウィンの進化論だけが信じられてきました。しかし最近の研究は、先祖が努力（あるいは不摂生）で獲得した性質が子孫に遺伝すること、すなわち獲得形質の遺伝を示唆する結果を示されるようになってきたのです。しかも環境の体内への刷り込みメカニズムであるエピジェネティクスの研究からわかってきたのです。

例えば、先ほど「赤ん坊を母親から引き離して育てると脳内のエピジェネティクスが変わり遺伝子の働きが低下して行動障害を起こした」というラットの研究をご紹介しました。この研究には続編があり、行動障害を起こしたラットを大人になってから正常なメスラットと交配させて生まれてきた子どもは、父親とのエピジェネティックパターンを継承し、それが原因で行動障害を起こすことがわかりました。**すなわち虐待という劣悪な環境で生じたエピジェネティックな異常が脳だけでなく精子にも生じて、精子を通じて子どもにも伝達され、その子どももまた父親同様の行動障害を起こすことが示された**のです。

同様に動物実験により、父親の劣悪な食習慣がエピジェネティックを変化させ、これが次の世代に伝達され、子どもがまた生活習慣病の体質になりやすくなることも明らかにされました。

## (4) 良好な環境によるエピジェネティックパターンの改善

エピジェネティクスは、DNA上にメチル基をつけたりはずしたりすることを通じて遺伝子のスイッチをONやOFFにするメカニズムです。DNA上の飾りつけの着脱が基本ですから可逆性があるメカニズムなのです。すなわち**劣悪な環境によってDNA上に飾り付けが施されて遺伝子がOFFになっても、飾り付けをはずしてあげさえすれば再びONに戻すことができるメカニズム**なのです。実際、昔から使ってきたうつ病の治療薬に飾り付けを変化させて遺伝子をONにする作用があることがわかったのです。

一方、自閉症の発症にもエピジェネティックなメカニズムが関係していることがわかってきました。*MECP2*という遺伝子の異常がもとで発症する自閉症にレット症候群という病気があります。*MECP2*遺伝子が作り出すMeCP2タンパク質には、神経細胞の中で、さまざまな遺伝子をおとなしくさせる作用があります。したがって、*MECP2*遺伝子に生まれつき傷がついているレット症候群の患者さんの神経細胞の中ではさまざまな遺伝子が雑音を奏でているのです。

図 3-2　環境による遺伝子変化のイメージ
（出典：国立環境研究所 HP 掲載「環境化学物質によって次世代に継承される健康影響とエピジェネティック変化の解明」野原恵子氏作成 図1「エピジェネティクスによる主な遺伝子発現の調節機構」を改変）

ここで、このレット症候群という先天性の自閉症疾患の治療法開発に向けた動物を用いた研究を紹介させてください。

*MECP2*遺伝子はマウスにも存在します。このマウスの*Mecp2*遺伝子のＤＮＡを改変して働かなくさせると、マウスにレット症候群に似た神経症状や行動障害が認められました。

ついでこのレット症候群モデルマウスを用いて治療法の開発を試みてみました。具体的にはこのマウスに正常なMecp遺伝子をＯＦＦのかたちで入れ込んでおいて、神経症状が進行し、明日死んでしまうかもしれないときがきたらＯＮにしてどうなるか見てみようというものでした。

その結果、ＯＮにしたところたちどころに症状がなくなったのです。不思議なことに、ふらついていた歩行やけいれんのような症状、逆立っていた毛がいずれも良くなってしまったのです。このことから*MECP2*遺伝子を活性化できる薬が開発できれば、生後症状が出た後でも間に合って、この病気を治すことができることがわかったのです。これを受けて大手製薬メーカーがエピジェネティック創薬に力を入れ始めました。近いうちにそのような薬が開発されるかもしれません。

ところで別の発想で治療を試みた研究者たちがいました。このレット症候群モデルマウスを「良い環境で育てたら」良くなるのではないかと考えた研究者たちです。

具体的には通常の一つのケージ（カゴ）の中に何匹も入れて飼育するのではなく、一匹に広い場所を与え、そこにマウスの「遊び道具をたくさんおいた環境」でレット症候群のモデルマウスを飼育してみたのです。その結果、脳内の*Mepc2*遺伝子が活性化し、神経症状や行動の障害が軽くなることがわかったのです。

この研究成果はほぼ同時にいくつかの研究グループが発表しました。この結果は、「先天的な異常を持って生まれてきても、諦めることなく、最善の環境で育てること」の重要さを示唆していると思います。

# 3 アウトリーチに医師が加わることの意義

## (1) 遺伝子研究が教えてくれた幼少期の環境の大切さ

一九八〇年代までは自閉症の子どもがいると「親の育て方が悪かったからだ」などと言われていました。つまり環境が自閉症を作ると信じられていました。

一九九〇年代になり、国際共同ヒトゲノムプロジェクトが進展すると、病気の遺伝子が次々に見つけられ、「自閉症に子育ては関係ない。その子の持って生まれた遺伝的素因が原因である」

と考えられるようになりました。

しかし二〇〇〇年代になり、幼少期の劣悪な環境で脳の遺伝子の働きが障害され、行動の異常が認められることを示した動物実験結果が発表されると、発達障害を考える上で、子育て環境の影響は無視できないと考えられるようになったのです。

つまり、**環境だけとか遺伝だけと考えるのではなく、遺伝的素因を持って生まれた子どもが劣悪な子育て環境で育てられると悪化し、良い子育て環境で育てば持って生まれた負の素因も目立たなくさせることができる**という考え方になってきたのです。

その根拠として遺伝子のエピジェネティックなしくみがあります。

前に述べた通り、ヒトはエピジェネティクスで制御される遺伝子のスイッチが切り替わることで、また切り替わる遺伝子が細胞の種類ごとに異なることで、受精卵からさまざまな細胞が作り出されます。これによって眼の細胞や心臓の細胞ができ胎児のからだができていきます。

胎児期は遺伝子のスイッチは切り替えやすい状態で、生まれて間もない時期もまだスイッチの切り替え易さは残っていると考えられます。言い換えればまだ遺伝子スイッチの可逆性が残っている状態です。この時期に劣悪な環境にさらされるとスイッチが切り替わってしまい、それが固定化されて一生持続することになるのです。

一方、スイッチの切り替え易さが残っているということは、劣悪な環境で悪化しても、**良好な環境でまたスイッチを戻し得る**ということです。ＯＦＦだったスイッチをＯＮに戻し、遺伝子を復活させることができ得るという考え方です。先に紹介したうつ病の治療薬や良好な養育環境を与えることでエピジェネティックな異常が修復されて精神疾患や自閉症が改善することを示した研究がその根拠になると思います。

ここで発達障害医療に長年携わってきた先輩医師が言った言葉「**発達障害の治療には診断年齢の倍かかる**」が思い起こされます。発達障害を二歳で診断すれば治療にかかる年数は四年で、五歳になってからでは十年というわけです。

この経験則はエピジェネティックなスイッチの可逆性が、幼ければ幼いほど高いことと合致していると思えるのです。

この仮説の生物学的証明は若手研究者に任せて、私としては実践の場で動物実験結果を実証していきたいと考えました。これが、医者の自分がアウトリーチ活動に参画した理由の一つです。

## (2) 発達障害児の増加とその要因

十年ほど前、厚生労働省の統計調査により軽度発達障害児が増加していることが明らかにされました。これを受けて増加の要因を調査する委員会が結成され、医学の立場から私もこの委員になりました。この委員会ではさまざまな角度から要因を検討し、その結果を『発達障害白書』として報告しました。これにより**発達障害の増加には社会的要因と生物学的要因の両者が関わっている**ことが明らかにされました。

社会要因として、医師が精神薄弱や精神遅滞に代えて「発達障害」という診断名を使い始めたこと、また特別支援学校が充実してそこに入るために診断が必要とされ、診断される子どもの人数が増えたということが見出されました。言わば見かけ上の増加です。

生物学的要因としては、高齢結婚の増加が考えられました。先ほど述べたように、高齢結婚は、女性が高齢の場合にダウン症候群などの染色体異常を持つ子どもが産まれる確率が高まるだけでなく、男性が高齢の場合には精子DNA上に年を経ることで蓄積される突然変異が自閉症を含む遺伝子異常のある子どもの産まれる可能性も高めるからです。つまりカップル揃って高齢の場合は、**染色体と遺伝子の両方の異常のリスクが高まる**ことになるわけです。

くわえて、生殖補助医療（体外受精）の実施率が世界一と言われる我が国では、これが発達障害増加にさらに寄与している可能性もあります。自然の摂理の下では、何億という精子のうち一番乗りした元気な精子だけが卵子の細胞膜の通過を許可され、受精に使われます。二番手以降の精子にはその権利が与えられません。したがって、自然な受精の下では生きの良い精子の選択が行われているのです。

一方、シャーレの上で精子と卵子を受精させる体外受精において、胚培養士が一番乗りするはずの（おそらくDNA上の傷の少ない）精子を見極めることはできません。そうだとすると、明らかに形態や動きに異常のある精子は除外できたとしても、ＤＮＡ変異が多い精子が選ばれて受精に使用されてしまうリスクは否定できません。自然な受精より、体外受精の方が変異の多い精子と卵子を受精させてしまう可能性が高く、したがってこれが障害素因のある子どもの増加に関わっている可能性があるのです。

実際、近年の体外受精が増加してきた時期と発達障害児が増加してきた時期が一致しているのです。この仮説を証明するためには、大規模で前向きな体外受精児を対象とした発達調査が必要かと思われます。ただし、生殖補助医療を行ったクリニックの情報が、分娩を担当する産婦人科病院に十分に送られていない現状があり、体外受精を行なって生まれてきた子どもの生後の調査を実施することは簡単ではないかもしれません。以上、発達障害児増加の先天的な理由を説明いたしました。

これに対して、後天的な原因も考えられるのです。具体的には、**劣悪な養育環境によるエピジェネティックな変化です。さらに、その後の良好な環境が提供できる機会の減少によるエピジェネティック変化の修復機会の喪失**もこれにあてはまります。

妊娠中の低栄養環境が胎児の遺伝子のエピジェネティクスを変化させ、胎児に疾患のもとを作ることが動物実験で示されました。同様のエピジェネティックな変化が戦時中の食糧難の時期に胎児期を過ごした世代を対象にした研究で明らかにされました。したがって、動物実験で示された幼若期に母子分離を受け行動障害を呈した新生仔の脳の遺伝子のエピジェネティック

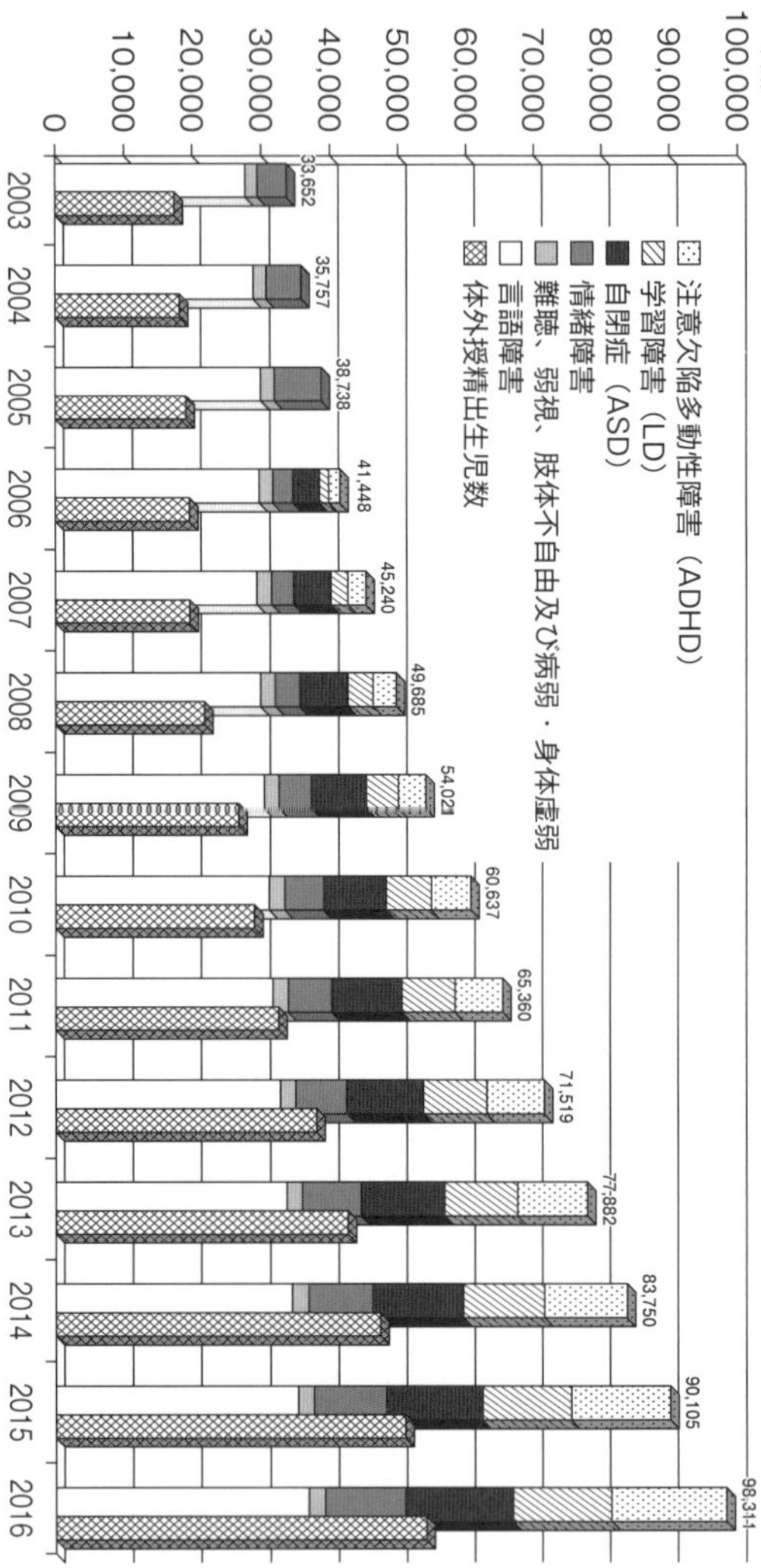


図 3-3　通級指導を受けている児童生徒数と体外受精出生児数の変化比較

（出典①平成 28 年度通級による指導実施状況調査結果について　出典②平成 29 年度日本産科婦人科学会調査）

な変化が、虐待やネグレクトを受けたヒトの子どもたちにも生じていることが推測できると思われるのです。

一方、動物実験から広い場所に遊び道具を豊富に用意した脳を刺激する環境が、エピジェネティックな異常による自閉症の症状を軽減することが判明したことをお話ししました。翻って、今のヒトの子どもたちの子育て環境はいかがでしょうか。**果たして、広々とした環境で知的好奇心を巡らせてのびのびと遊ぶ場所と時間が与えられているでしょうか。**友だち同士横並びでスマートフォンのゲームをやっているのではないでしょうか。

ジャイアンやスネ夫、しずかちゃんと一緒に土管のある空き地で遊ぶ環境が提供されず、スマートフォンのゲーム中毒になっていたら、のびた君はどんな大人になっていたのでしょうか。しずかちゃんと結婚できていたのでしょうか。その子どもはどんな子どもになっていたのでしょうか。

もしかしたらのび太くんは、毎日の塾通いのため空き地で友だちと遊ぶことを知らず、中高一貫校に合格して一番いい大学にも合格し人も羨む一流企業に就職できても、お客とのコミュニケーションが取れずに三か月で退職することになっていたかもしれません。今の社会は、そういう人が後を立たないような環境なのかもしれません。

このような状況を打破するためには、早い段階で客観的なエビデンスに基づいた正しい見立てができ、親やまわりの大人たちに示すことができる方法を考案することが必要だと思います。

具体的には、**幼少期に行動障害に関わるエピジェネティックな変化を見出し、良好な保育環境の提供で修復過程が把握できる方法の開発です。**できれば痛みを伴う血液採取を避けることができる非侵襲的な方法、例えば脳画像装置の開発が必要だと考えています。これをライフワークとして研究を進めていきたいと思っています。

## (3) 教育機関と医療機関の関係者の悲鳴

二〇一二年、学校の先生たちが発達障害傾向ありと判断した子どもの割合が六・五％であることが文部科学省の調査で判明しました。これは一クラス三〇～四〇年の中に二人程度いる計算になります。

このような現状を受け、特別支援学校が整備されてきたのですが、それでも横浜市などでは支援学校の競争率は六倍となり、重症児から選考されていきますので、選考に漏れた比較的軽度の発達障害児たちは通常の学校の中にある特別支援クラスや通常クラスに行くことになります。特別支援学校のような物理的・人的体制が整っていない通常の学校では先生の大変な負担となるわけです。これが教育学部を卒業しても小学校教員にならない学生が増え、なり手が減っている理由の一つになっているように思われます。

一方で医療機関も大変です。関西で発達障害専門のクリニックを開業しているある小児神経専門医は、「患者が多くてお昼を食べる時間もなく、診療は深夜に及ぶ。遠くから来てくれている患者のことを思うとそうせざるを得ないのだ」と話されておられました。そうしてもなお、予約は半年待ち。全国には予約が二年待ちの病院もあるとも聞きました。そうなると、年少の三歳で診断して早期療育に入れば軽減できた子どもが年長の五歳になってしまいます。現場の経験や基礎研究から早期介入の意義を言われてきたにもかかわらず、これでは治せる時機を逸してしまうと思うのです。

## (4) 早期介入が必要なもう一つのわけ ~大人の糖尿病を専門にしてきた先生からのメッセージ~

ここで早期介入の一つの例として糖尿病の話をさせてください。

糖尿病は膵臓からインスリンが出なくなることに起因する1型糖尿病と、生活習慣の影響で肝臓に脂がたまりインスリンの効きが悪くなっておこる2型糖尿病があります。これまで、1型糖尿病は小児期から発症し、2型糖尿病は一般に成人期に発症する糖尿病と考えられてきました。

このうち2型糖尿病の方ですが、何歳ごろから生活習慣に気をつけたらよいかご存知でしょうか。成人になってから暴飲暴食を慎めば良いのでしょうか。それとも子どもの頃からの食生活に気をつけておく必要があるのでしょうか。最新の考え方では、胎児期から気をつける必要があるということがわかってきました。すなわち妊婦の食生活が次世代の健康に影響を及ぼすことがわかってきたのです。

この場合、わが国で問題となっている食習慣は、過食や暴飲暴食ではなく、逆に少食すなわち過度なダイエットの方です。出産後の体型を気にしての妊娠中にダイエットしたり、ダイエット中に妊娠してしまうケースがあり、そのいずれも胎児は低栄養にさらされます。

その結果、流産がまぬがれたとしても胎児は自らの体質を変えて生き延びようとするのです。その体質とは低栄養に耐えられる体質、いわゆるエネルギー倹約体質です。

このような場合、胎児は小さく生まれてきます。そこで「大きく育て」とたくさん食べさせてしまうと、少ない栄養を溜め込む体質であるため肝臓や筋肉に脂肪が溜まり、糖分が吸収できなくなり、血流中に糖分があふれ出てきて糖尿病になるわけです。

実はこのようなエネルギー倹約体質の形成にエピジェネティックなしくみが関わっているのです。具体的には、低栄養にさらされた肝臓の細胞ではＤＮＡのメチル化修飾が低下し、エネルギー倹約遺伝子が働き出します。その結果、エネルギー溜め込み体質が形成されるのです。

日本で一番ノーベル賞を出している大学の総長をされた経験もある、糖尿病専門の先生が雑誌主催の座談会で「われわれ糖尿病内科医は血管がボロボロになった末期になってから患者を診療することが多い。その時に、もっと早い時期に関われていたらと思うことがある。内科医の私が言うのもなんだけど、つくづく子どもの時からの予防が大切だと思うようになった。糖尿病予防の教育をわれわれ医者が小学校に出向いて、教壇に立って子どもたちに話す必要があると思うようになった。（八〇歳を過ぎたいま）残された人生で自分がやるべきことはこのような医者の教育活動に健康保険点数をつけるべく厚生労働省に働きかけることだと思っている」とお話しくださいました。

外国の研究者の方からも同様な意見をいただきました。

妊娠中の栄養が胎児の体質を変えて成人期の病気のもとを形成すると言う考え方を英語で“Developmental Origins of Health and Disease（DOHaD）”と言います。日本語では「成人病胎児期発症説」と訳されています。

二〇一六年に、日本とニュージーランドの研究者が集まって、このＤＯＨａＤの国際学会がオークランド大学で行われました。その際の夕食の場で、隣に座られた女性研究者が次のような話をしてくださいました。

「われわれの研究所では、ニュージーランドにほど近い南太平洋の島々を巡回し、近年急増してきた肥満に対して啓発活動を行なっています。肥満の傾向はアメリカのファーストフード店が島々に入ってきた頃から始まりました。

魚を主に食べていた祖父母の世代は太っていないのですが、今の子どもたちの両親は肥満であることが多くなりました。だから子どもたちは祖父母と両親を見比べて、親のような体型になりたくないと思っているのです。そのような背景から、島を巡って子どもたちの健康教育に乗り出したのです。この試みは家庭科でもなく、保健体育でもなく、理科の授業として行いました。例えばヒトの細胞について説明して、ここに過剰な栄養が入るとどんな変化が起こるのか。そうすると細胞にはどのような変化が生じ、病気のもとができていくのか、といったことを小学生相手に科学的の話としてしてきたのです。

その結果、この授業に反応してくれたのは勉強好きの女の子ではなく、めったに授業を聞かないようなやんちゃな男の子でした。その子が家に帰って、『お母さん、今日、遠くから先生が来て授業をしたんだよ。食べ過ぎると細胞が変化して病気になるんだって。だから子どもの頃から気をつけなきゃいけないって言われたんだ』と授業のことを伝えたのです。

その母親は『うちの息子が初めて学校の授業のことを話してくれた』と感激して、その日から、一家の食事が改善されたということでした。親世代に対するPTAの活動をしてもなかなか変わってくれないので、子どもたちを啓発し、時間がかかっても、効果が出てくれれば良いと考えていたのですが、子どもを通じて親が変わってくれたのはうれしい誤算でした」。

このような糖尿病の専門医と海外の栄養研究者のエピソードは、いずれも糖尿病予防のための早期介入の重要性と栄養のアウトリーチ活動の意義を示したものだと思います。

このような活動を発達障害分野でも行なっていくことが必要であると考えたことが、現在の学校や幼稚園の現場を訪れて行うアウトリーチ活動を始めた理由でもあったのです。

Science class
meat
fish
bread

# 4 事例集：発達支援アウトリーチ活動に医師が加わった意義

## (1) 二人の年少組の入園児

聖徳大学に赴任後まもなく、ある幼稚園に職員向けの講演に行ったときのことです。昼食を食べながら、園長と主任から次のような話をお聞きしました。

「発達障害傾向を認める三歳児が同時に二人、入園してきました。片方の子どもの母親はわが子に発達障害傾向のあることを認めました。それにより幼稚園での対応は無理のないものとなり、母親自身も発達支援センターに子どもを連れて療育を受けさせたのです。その結果、卒園する頃には行動が落ち着き、通常の小学校に上がっていきました。

一方、もう片方の子どもの母親は小児科を受診したところ『様子を見て大丈夫です』と言われました（筆者注：医師は薬を処方するほどの緊急性がないときは「様子を見ましょう」と言ってしまいがちです。本当は軽いうちに保育的・療育的手だてが必要なのですが、医師にとっては専門外のことです）。医師がそう言ったのだから問題はないので特別扱いはしないでほしいとの希望でした。そこで、他の子どもと同じ対応、保育を行ったところ、発達障害傾向は改善しないまま卒園を迎えた」とのことでした。二人の三歳児は全く同じではないので厳密な比較はできないのですが、**早期からの介入の重要性を示唆する事例**だと思われました。

## （2）児童養護施設の職員の経験則を裏付けた基礎研究

聖徳大学に赴任して一年が経った頃、学生の実習先の児童相談所を訪問したことがありました。そこで職員の方から聞いた話が印象的でした。それは次のようなものでした。

「親に虐待を受けた子どもは大人になった時に、自分の子どもを虐待してしまうんだ。そのような子育てしか経験したことがないから。だから職員はこのような虐待の連鎖を断ち切るために、親以上の愛情を注いで子どもたちを見ていかなければいけないと考えているのです」。

先に母子分離を受けた行動障害とその遺伝についてのラットの実験結果を紹介しました。生後間もなく母親を引き離されると脳の中にエピジェネティック変化が生じて行動障害を起こすようになり、同様なエピジェネティック変化は精子にも生じて、その変化が次の世代に伝達され、伝達されたラットもまた行動障害を起こすというものです。このラットの実験結果はヒトで言う虐待の連鎖のモデルとも言えるかと思います。

エピジェネティクスの特性は可逆性、すなわち劣悪な環境でエピジェネティックな変化が生じても、良好な環境の提供や薬剤の投与で修復が期待できる点です。したがって、児童養護施設の方が愛情をたっぷり注いで虐待の連鎖を断ち切ろうとする行為は、**親から受け継いだ負のエピジェネティクスを修復し、次の世代にはもう伝えない、虐待によって生じたエピジェネティックな変化の遺伝の遮断につながっているの**ではないかと思われました。

## (3) その子の良い面を見ることの重要性

発達支援のアウトリーチ活動を開始して気づいたことは、**保育や教育の現場で子どもを見るということは、その子の悪い面だけでなく良い面をたくさん見ることができるということ**でした。

これまで大学病院で外来を行なっていた時は、保護者や学校の先生もその子の課題、すなわち悪い面を中心にお話しくださり、その子の良い面を知る機会はほとんどなかったと思うのです。そのもとで、医療を進めているのが現状でした。

しかし実際に子どものいる保育や教育の現場に行ってみると、自閉症やＡＤＨＤと診断されている子どもでも、良い面や秀でた面を見ることができることに気がつきました。

例えば、じっとすることはできなくてもクラスメイトの人気者であったり、集団で同じことをすることが苦手であっても物を作ることが大好きだったり、衝動的に手が出てしまうところがあっても大好きな算数の授業では誰よりも積極的に発言するというようにです。

このような経験から、その子の問題行動を抑制するための薬を処方する以上に大切なことは、**その子の普段の姿を知り、その子の得意や良い面を伸ばすために、それにふさわしい保育や教育環境、家庭環境を整えてもらうための具体的に助言できること**ではないかと思えてきました。そこで、良い面を伸ばすことに対しては素人の医者として、心理職の方と協働で目標を達成するようなプロジェクトを始めたのです。

## (4) 保護者に来ていただき病院受診を勧めた事例

ある小学校から発達支援の依頼をいただきました。衝動性が強い小学四年生の男児が学校の中で問題行動を起こしているということでした。特に衝動性が乗じて二階のベランダから植木鉢を投げ落とすなど、一歩間違えば他の子どもに大怪我をさせかねないとの緊急性があったからです。

訪問してみると、その子は肥満体のクラスメイトとじゃれるのが大好きなむじゃきな子どもであることがわかりました。ただ身体が大きいため、後ろから他の子をちょっと押しただけでも相当な負荷がかかり、そのため、多くのクラスメイトはその子のことを怖がっておりました。

友だちに危害を加えるという緊急性もあったことから、次の訪問時には両親を呼んでもらい、医学的なお話をしました。その中で、衝動性についてはそれを抑制する（ADHDに処方される）薬があること、またその薬は一生飲むわけではなく、大人になって衝動性がおさまれば、薬が不要になることが期待できることなどをお話ししました。ＡＤＨＤは男児が女児の四～五倍多いのですが、大人になると男児の大半はＡＤＨＤを卒業して、患者の男女比は一対一になると言われているからです。

その結果、ご両親は治療のメリットを理解され、直ちに近くの病院に子どもを連れて行かれました。その病院は地域では有名な病院だったのですが、幸運なことにすぐに専門医に診てもらうことができ、ＡＤＨＤの治療薬を処方してもらったとのことでした。

飲み始めると、落ち着きのないところは変わりませんでしたが、危険な衝動的行為は大幅に減り、とりあえず学校が落ち着いたとの連絡を先生から受けました。そのあと様子を見に訪問した時、一時間目の国語で、その子は机の上に突っ伏して寝ているようでした。薬の副作用の眠気が出ているかと思ったのですが、二時間目の算数になると急に目を見開いて誰よりも手をあげて、「こんな問題簡単だよ」と先生に言っていました。そのあとの理科の授業でも、教壇の周りに集まって観察をする時に、最前列で熱心に先生の説明を聞いていました。好きな授業に限られるのかもしれませんが、勉強に積極性が出てきて、良い方向に進んでいるとの印象を持ちました。

## （5）相談者を前にした医師と心理職のオープンダイアローグ

特別支援教育の教科書には「これからの発達障害児あるいは発達障害傾向を認める子どもの支援は多職種で行うこと」と書かれています。実際、このような事例に対し、保育や教育の現場を訪れた心理職が医師に連絡をとって必要な情報を収集するということが行われてきたと思います。これは、その事例における心理職と医師の連携作業ということができます。

さらに、最新の公認心理師試験のテキストには「時代は連携から協働へ」と書かれています。「連携」と「協働」とは一体どこが違うのでしょう。**「連携」とは異なる職種が情報交換しながら別々の場所で当事者に関わること、「協働」とは異なる職種が当事者の前に並んで座って関わること**、と理解しています。

山口先生に教えていただいた協働の利点が「オープンダイアローグが可能になること」です。オープンダイアローグとは、例えば「ひきこもりの方のおられる自宅を心理職とともに医師も訪問し、ご本人とご家族と一緒に問題点を議論し今後の方向性を考える」という支援の中で、「医師と心理職はあらかじめ話す内容を示し合わせて訪問するのではなく、本人や家族がいる前で医師と心理職が自由に意見を言い合い、もし異なる意見が出たとしても、どちらの意見を採用するかは本人や家族が決めれば良い」というスタイルのことを意味します。つまり、「問題解決にはさまざまな考え方があることをまずは知ってもらうことが大切」というスタンスの実践のことです。

逆にいうと、連携では、心理職が医師の意見を消化し、自分の意見と矛盾のないように当事者に伝えるというものになるかと思います。当事者の前で両者の意見の違う点も含めて助言を行う協働とは違うものということになります。

心理職の山口先生と医師の私、あるいは栄養士の教員と医師である私が幼稚園の障害児の親の会に参加し、このオープンダイアローグのスタイルでさまざまな親たちからの相談を受け、異なる立場からの回答をしています。

## (6) 被虐待児事例に対するアウトリーチ

ある小学五年生の子どもで、しばしば友だちの顔をなぐり、学校行事のために集団で外出した際には訪問先のガラスを割るなど、行動に問題があるとのことで、対応に関する相談が教育委員会からあり、当該の小学校を訪問しました。

訪問時、その生徒は自分のクラスで授業を受けておらず、不登校傾向の生徒が集められている別のクラスにおりました。そこではその生徒に非常勤の女性教諭が一対一で対応しておりました。訪問時は先生と卓球のようなゲームをしておりました。

訪問した私と教育委員会の教員を最初は警戒しておりましたが、次第に話しかけるようになり近づいてきました。私の首に手をかけてきた時は何をするのかとびっくりしましたが、巻いていたマフラーが乱れていたので巻き直してくれたのでした。

対応していた女の先生によると、物を作ることが好きで、壊れたものを直すこともあるとのことでした。また不登校気味の小学二年生の女の子の勉強を見てあげる優しい面もあるとのことでした。また後で校長先生に伺ったところ、自分のクラスで授業を受けることがほとんどなくなった今でも、算数や国語のテストで八〇点を取るなど頭の良さはもっているとのことでした。

しかし休み時間に校庭に出た時は、一緒に遊ぶ友だちはなく、ほんの少しだけ会話をする以外は一人で運動場を駆け回っておりました。

その子の観察が終わり、校長室で校長や指導担当の教員、教育委員会の教員と話し合いが行われました。そこで伺ったことは、父親が暴力的でこの生徒の兄にも似たような傾向があったこと、ご両親を小学校に呼んで対策を話し合うときも悪い行動はすべて学校に責任があるとの発言をするようなことがあったとのことでした。ご家庭は共働きので、母親は父親の考えに同調しているということでした。

本人の様子を観察し、家庭背景を聞いて感じたことは、**この子の行動障害には持って生まれた一次障害よりも、家庭環境の影響を受けた二次障害の方が大きく関わっているのではないか**ということです。言い換えると、その子自身の本来の姿は成績優秀で人に優しい性格であるのに、家庭での養育環境がその性格を変えてしまったのではないかと思えてきたのです。日常的に友だちに対して起こしている問題行動は、実は家庭で日常的に親から暴力を受けているため、人に親近感を表現する手段としてなぐることしか選択肢がなかったのではないかと思えてきたのです。

この事例においては、可能なら、福祉や行政の支援の手も借りて、その子を今の家庭環境から離してあげることがその子にとって一番良いことになると思いました。

## (7) 情緒クラスにおける「出来過ぎ君」の発見

小学校時代、授業中落ち着きがないとの理由で、新設の情緒クラスに入ってきた中学校一年生を、見に行きました。情緒クラスの在籍生徒は二名でそのうちの一名が欠席していたため、訪問時には依頼を受けた生徒が一名と担任の女性教諭だけでした。

担任の先生の話によると、算数が得意で国語は特に漢字が苦手であることがわかったとのことでした。また、黒板よりもホワイトボードに書く方が好きとのことでホワイトボードを用意したところその上に数式をぎっしり書いておりました。またこちらにいろいろとしゃべりかけてくる明るい性格をもっていました。

二回目に訪問してみると、台形の面積を求める授業を行なっていました。教科書に載っている公式には興味がないらしく、三角形を組み合わせて、自分で面積の公式を考案し、得意そうに説明してくれました。担任の先生によると、ときどき空中を見つめて図形をイメージし問題を解いている姿が印象的とのことでした。その姿は、数日前にＮＨＫの報道番組で見た二五歳の若者の姿を彷彿とさせました。その若者は、日本で自閉症と診断されフランスに渡り設計家として働き、建物のコンペで受賞するような人材ですが、空中を見つめて建物の立体図面を思い浮かべながら仕事を進めていくのでした。

三回目の訪問では、その担任の先生の下、数名で書道の授業を行なっていました。その時は数か月ぶりにクラスにもどって授業を受けた中学二年生の女子もいました。しかし、その女子生徒は書道が得意でみんなの見本となっていました。その女子生徒に向かって、初対面にもかかわらず、算数好きの男子生徒はしきりに声をかけていました。クラス全体がとても良いムードになっていました。その男子生徒は日頃も、同じクラスではない知的障害クラスの中学一年生に、集団授業の体育などの際に声をかけているとのことでした。

また不得意だった漢字は、担任の先生のアイディアで、ｉＰａｄを活用して、覚え方ソフトを見せたところ、ちょうど良い具合にハマってくれて、しかも小学校一年生の教科書の漢字から機械的にやり直すのではなく、目の前の数学の文章題に出てくる漢字から覚えることにしたら、「好きな数学を解くためならば」と、漢字を学ぶことに抵抗がなくなったとのことでした。

このような流れから、この生徒は小学校の時は、本来は友だちに優しい優秀な面を持つ子どもであったのに、ただ算数などは問題が簡単すぎて座って授業が受けられなかったのではないかと思えてきたのです。幸いなことに、中学は情緒クラスに入って、その子の才能を見出せる良い先生にめぐり合い、一気に才能が開花したものと思われました。

この情緒クラスを案内してくれた校長先生から、「担任の先生を困らせるくらい数学の進度が早く、立体を空間に浮かび上がらせてイメージできる特異な才能を持っているのだから、これを伸ばすために、まだ中学一年生だけど高校のオープンキャンパスに行って、工業高校のデザイン科を見てきたらいいのではないか」とのアドバイスが飛び出しました。

他の先進国では、このようなドラえもんに出てくる「出来杉くん（アメリカでは〝ギフテッド・チャイルド〟と呼ばれる）」のような子どもたちに対する対応や能力を伸ばす方法が進んでいると聞いています。いたずらにみんなと同じことを強要する授業スタイルではなく、このような子どもの存在を意識できる教員の育成体制が必要ではないかと思いました。

この生徒の場合は、まだ我が国では稀と思われる、**ギフテッドの能力を見出せる先生に出会えたことが幸せだった**と思えるのです。

特別支援学級には、知的に遅れた子どもだけでなく、天才ゆえに発達障害というレッテルを貼られて、能力が活かされていない生徒が全国の何処かにいるような気がしてならないのです。

## （8）素晴らしいクラス運営を見せた五年目の女性教諭

ある小学校でクラスの集団の中に入って行動することができない小学校一年の男子に関する会議が教育委員会主導で行われました。会議の参加者は教育委員会の担当者、校長、近隣の小学校の教諭、特別支援コーディネーター、そして山口先生と私でした。

会議に先立ってまずその生徒の授業観察が行われました。最初は体育の授業でその日は縄跳びを校庭で行いました。その生徒は一人、クラスメイトとは離れた朝礼台のところにいて、縄が長すぎて跳びにくそうであったので「握りの部分を調節して短くしてあげようか、そうすると飛びやすくなると思うよ」と助言したら、「縄跳びの長さを勝手に変えて、家でそれが見つかったらお父さんに怒られるから、短くしちゃダメなんだ」との返事が返ってきました。ただ、そのあとクラスのみんなで大縄跳びをする段になると、先生の横に走っていって、跳ぶ場所の地面に白線を引く手伝いをして、授業に参加していました。

後半のドッヂボールになると、その生徒はまた離れて見ているだけで、みんなの中に入っていくことはできませんでした。ただ、不思議にクラスメイトたちは自然体で、その子のことを注意することも無視することもありませんでした。

その次の授業は算数でした。その生徒の座席は一番前でした。授業の途中で先生が課題を出すと、不思議なことが起きました。隣の席の女の子と一緒に、自分の机を教卓の前に移動し、横向きに置いたのです。担任の先生は、課題指導にクラスの生徒を一巡した後、教卓の横にいるその生徒のところに戻ってきて個別に見てあげたのです。さらにその後の注意点の時も、事あるごとに自分のそばにいるその子に向かって補助的な説明をしていました。このようなその子への特別扱いに対して、文句を言うクラスメイトは一人もいませんでした。

この授業の後、そのクラスは他の先生に任せて、この担任の先生も交えて、再び会議が開かれました。まずその生徒についての担任の先生が説明をすることから会議が始まりました。すると先生から出てきた言葉は、すべてその子の良いところに関するものでした。よく先生のお手伝いをしてくれること、人に優しいことなどです。

ただ衝撃的であったのは、幼稚園に行かせてもらえていなかったという家庭背景でした。小学校に上がるまでの間、ずっと家で育てられていたというのです。このことから、小学校に入学して集団の中に入っていけない理由としては、幼稚園を経ていないので就学するまで集団で行動した経験がなかったことと思われました。

また、その担任の先生の説明で感銘を受けたことは「私は教師になり五年が経ち、市の規則上、四月からは別の小学校に異動することが決まっています。そこで、今年度のはじめ一年生の担任になった時から、自分がいなくなってもこの生徒が困らないように、**クラスのみんながこの生徒を助けてあげられる、そんなクラス作りをしたい**と考えて今日までやってきました」という考え方を述べたことでした。

この生徒の社会性のレベルは、幼稚園を経験せず家にいたことから、小学校一年生レベルというよりも幼稚園の年少レベルかもしれません。長い目で無理をさせずに徐々に社会性をつけさせていくのが良いと感じました。

## (9) 健常な子にも重要なユニバーサルデザイン

東京都の小学校の教育実習は三週間に渡り、これに際して、学生の実習を依頼した教育系大学の教員が実習校に三回訪問することになっています。そこで実習が始まる前に、学生と一緒に小学校を第一回目の訪問をしました。

その際にまず、校長室で校長と指導担当教諭、学生と大学の担当の私の四名での簡単な打ち合わせが行われました。指導担当教諭と学生は別室で詳しい打ち合わせが必要ということで、校長室には校長先生と私だけが取り残されたかたちになりました。

そこで、私が教育系大学に赴任したばかりであること、それまで発達障害の医療と研究を行ってきたことをお伝えしました。そうしたところ、校長先生が「次の訪問時に一時間早く来れますか、もし来れるのであれば、学校内の発達障害傾向のある子どもの様子を見ていってください」とおっしゃってくださいました。

これを受けて、二回目の訪問時は学生が行う模擬授業より一時間早く、その小学校に参りました。到着後、早速、校長先生とすべてのクラスを見て回りました。

二年生は算数と国語が能力別に四クラスになっているとの説明を受けました。その時は算数を行なっていて、一番レベルの高いクラスは電子黒板を併用して三角形についての授業が行われていました。一番やさしいクラスでは図形の授業を折り紙とはさみを使って行なっていました。また人数も数名と少数でした。

校長先生のお話では、「理解の遅い生徒は質問もできず、次第に埋もれていってしまいます。そのうちに学校が嫌いになり不登校になってしまうことがあるのです。しかし習熟度別のクラスにしてからは、遅れがちであった子どもが楽しく生き生きと授業に取り組めるようになりました」とのことでした。

また、この一番やさしいクラスでは、気が散ることを防ぐため、黒板の周りには何も貼らず、板書の内容も授業で使うもの（鉛筆、消しゴム、折り紙、はさみ）だけが書かれていました。また、この校長先生は教室の後ろや廊下に給食袋などが落ちていると率先して拾って元の場所に戻しておりました。

一番やさしいクラスを見ていた時、ふとこの子たちの親御さんの気持ちに思いが至りました。自分の子どもが「一番下のレベルのクラス」に入れられた保護者の方々には、忸怩たる思いがあったのではないかと思ったからです。

ただ、授業がわからず学校が嫌になって不登校になるよりも、学校が楽しいと家で言ってくれる方が良いと判断されたのではないかと思いました。今はレベルが低くても、その子のペースに合わせて学ぶことで次第に勉強が面白くなれば、いつか上のクラスの子どもに近づける日が来るかもしれない、といった期待も持てるのではないかと思い、習熟度クラスのメリットがわかったように思いました。

続いて五年生のクラスも見せていただき、このクラスの教室に入る前に校長先生から「先ほど校長室で説明した生徒がこのクラスにいます」との説明を受けました。低学年の時から授業中にじっとしていられない生徒とのことでした。しかし教室の中に入ってみると、そのような生徒は一人も見あたりませんでした。みな真剣に課題に取り組んでおり、課題ができ上がった順に一人ひとり、前にいる担任の先生のところに課題を見せに行っていました。

その時、「今、前の列に並んでいる真ん中の生徒が問題の生徒です」と校長から説明を受けました。その生徒は自分の番が来て課題を見せると「やり直し」と言われたのか、頭を掻きながら自分の席（先生の席から一番近い窓側の一番前の席）に戻って行きました。

そこで初めて気づいたのですが、加配の先生が近づいてきて個別の指導をしていました。程なく課題ができ上がって、また担任の先生のところに見せに行き、今度は合格をもらっているようでした。この間、問題となる行動は一つもありませんでした。

その時、校長先生がおっしゃった言葉が印象的でした。「あの子がこんなに落ち着いている良い状態を見たのは今回が初めてです。今まではこんなによかったことはなかったのです」と。

おそらく低学年から始めた無理のない授業体制の成果が、この子の行動障害の改善につながったのではないかと思われるのです。

先ほどの2年生の習熟度別の一番やさしいいクラスで見られた「気を散らせないような黒板周りの工夫」を、今はすべてのクラスで採用し、廊下を含めて校内の環境整備を図ってきたことが、**発達障害傾向を認める生徒だけでなくすべての生徒に対する配慮――すなわち「ユニバーサルデザイン」**が実践されていると思いました。

## ⑽ お手本となる幼稚園教諭

最後は、「保育士や幼稚園教諭を目指す学生全員に伝えたい！」。そんな先生の話です。

東京近県で開催される「発達障害児の親の会」に毎月参加しています。都会であれば疾患ごとに親の会が充実していますが、地方では子どもの疾患や障害が何であれ、親同士が団結しないと行政などが動いてくれないという危機感があり、そこから結成された親主導の集まりです。例えば「台風などの大災害が起きた時、どのように障害を持つ自分の子どもを守ったら良いか。早めにどのように行動しておけば良いか」、といったことを毎月話し合う会です。

子どもの障害は発達障害や知的障害から肢体不自由、視覚障害までさまざまです。このような障害児をもつ、いわば先輩ママさんからまだ障害児の子育て経験の少ない若いママさんへの情報伝達の場ともなっています。

この会に初めて訪れたお母さんが話してくれたことが印象的でした。

「自分には年長になる息子がいます。二年前、幼稚園に入園したところ、息子が一人勝手に行動してしまう落ち着きのない子どもであることがわかりました。これに対して自分も幼稚園の先生も、どのようにすれば良いかわからないまま一年が過ぎてしまったんです。そうしたところ、別の幼稚園から女の先生が来られて息子のクラスの担任になりました。しばらくしてその先生に呼ばれたので何かと思ったら『お母さん、○○くんにこうしてみたら、落ち着く傾向が見られました。だからお家でもそのようにしてみていただけませんか』との助言をもらいました。そこで初めて、その先生が障害傾向のある子どもの対応に詳しい先生であることがわかりました。私は藁にもすがる思いで言われた通りに家で実行しました。そうすると、1年経った今、息子は年長になったところですが、だいぶ落ち着いてくれたのです」

その次にお母さんが言ったことに感嘆しました。「この園に来て担任になり、息子が落ち着くように導いてくれた先生に、心から御礼を言いたいと思っています。**しかしそれ以上に感謝していることは『母親である自分を変えてくれたこと』なんです。**母親の私の気持ちが落ち着いたことが大きかったと思うのです」と、こうおっしゃられたのです。

私はその幼稚園の先生にはお会いしたことがありません。だからどのような助言を母親にしたのか、知る由もありません。ただその母親から少し堅い印象を受けたので、もしかしたら小さい頃にほめられたことがないままに、大人になった方であったかもしれません。そういう親御さんは、ご本人には悪気はないのですが、自分がほめられた経験がないので、どうやって子どもをほめたらいいのかがわかりません。そして、先生からの助言というのは、ほめ方を知らない母親に対して「できるだけお子さんをほめてあげてください。ほめられることをあえて見つけて、ほめてあげてください」というシンプルなものであったかもしれません。それでその子にとって母親が安全基地となり、心が安定し、じっとしていられるようになったのかもしれません。

一方、その先生も、はじめから今回のような的確な助言ができたわけではなく、親の行動を変えさせるためにはどのような言い方が良いか、試行錯誤を重ねて、保護者が受け止められる言い方ができるようになったのかもしれません。

幼稚園教諭からの本当の助言の内容は調べようもありません。しかしながら、一つだけ言えることは、このような保護者に対して的確な助言ができる幼稚園教諭を、全国に増やしたいと思うに至ったということです。そのために、このような先生の存在と親への助言の仕方を、聖徳大学をはじめ、さまざまな大学の教員や幼稚園教諭・保育士を目指す学生たちに伝えていきたいと思っています。

## (11) 学校の先生方に対する科学的見地の啓発

最後に、問題行動を起こす生徒への手だてに関する助言の依頼を受け、迎えに来てくださった教育委員会の先生との車の中での会話を紹介したいと思います。

自身のアウトリーチ活動に至るまでの医療や研究の話を車の中でさせていただいたのですが、その先生もご自身の教育現場での経験を色々とお話しくださり、私が説明した生物学的な理解に対してのお考えも話してくださいました。その時にご経験からお話しいただいた事例は、これからの早期介入を実現していくための研究の大きなヒントになりました。

今後も機会をいただけたら、小学校や幼稚園の先生に発達障害の可逆性に関する生物学的な考え方をお伝えし、ご提供いただくお子さんの事例を参考にさせていただき、生物学的特性を最大限に生かしたその子に合った一番有効な手立てを先生方と共に考えて行くことができたらと思っています。今後も現場のさまざまな先生との交流を大切にしていきたいと改めて思っているところです。

## 5 これからの医師に期待したいこと

### (1) アウトリーチ支援で見えてきたこと

大学病院で働く医者は、少し悪く言わせていただくと、「人を呼びつけること」を平気でやってしまうところがあります。この背景には、大学から市中病院に医局員と呼ばれる若手医師を派遣し、供給してあげているという意識があるからか、あるいは学生が実習でお世話になっていても挨拶に来るのは先方の病院長であったという文化があるからだと思います。私も教育系の大学に行くまでは、そのような文化に何の疑問も持たないひとりでした。

しかし教育系大学に行くと、学生の実習先の保育園、幼稚園、小学校、特別支援学校、児童養護施設などの、学生実習をお願いしている現場に教員がお礼の挨拶に行くことがわかりました。そして、むしろこちらの方が一般の常識ではないかと思えるようになりました。

したがって、大学病院に呼びつけられた担任の先生からは、その子の問題点など悪い情報しか聞くことはありません。親も先生も困っていることを解決しに来ているからです。

そうなると自ずと診断は重い方に流れがちです。実際、保育や教育現場で病院に行った子どもたちは、幼稚園ではほぼ全員がＡＳＤと診断され、小学校ではほぼ全員がＡＤＨＤ（少数ＡＳＤとＡＤＨＤの合併）と診断されていることに気がつきました。これがアウトリーチ活動をやってきた、医師として気づきです。

発達障害の診断がつけられることメリットは、特別支援学校への進学が可能になることや、通常学校では学級に加配の先生をつけてもらえるようになることです。一方、デメリットは保育者たちが「病気があるからこれ以上配慮しても仕方がない」と考え、その子の行動を良くするための手だてを考える努力をやめてしまうことです。

このような事情があるので、**発達障害傾向を持つ小さな子どもを診療する小児科医にお願いしたいことは、悪い情報だけを収集するのではなく、その子の保育園や家庭での良い面を積極的にぜひ聞いてから診断を下して欲しい**ということです。そして、バランスの良い指導をしていただけたらと思っています。

## (2) 臨床医が陥りやすい発達障害児医療におけるピットフォール

小児科医と内科医とで異なるところは薬の出し方です。

一般に内科医は多種類の薬を処方する傾向があり、副作用防止のために胃薬まで追加してきます。これに対して小児科医はなるべく薬なしで治療し、痛みをともなう採血は極力控え、薬にも検査にも頼らない医者を名医としてきた伝統があります。皮肉なことに、このプライドは技術料が安くて薬価を高く設定する我が国の保険診療には馴染まず、よって小児科医は名医であればあるほど貧乏になるため、いまどきの医学生にはウケず、小児科医のなり手が出てこないという流れを生んでしまいました。

これと同様に**発達障害の名医は、薬に頼らず、保育園や学校の環境の改善や生活スタイルの是正といったアドバイスを、患児一人ひとりの実情に合わせてできる医者**だと思います。そのために必要な資質は、しゃべる力ではなく親や先生の話を「聴く力」だと思います。その上で、子ども一人ひとりの日常生活をイメージしながら「お母さん、仕事から早く帰って息子さんを早寝させてあげてくださいね」などといった、なるべく具体的な指導をお願いしたいのです。

その上で有効であると見るや、さっと必要な処方をし、必要がなくなったと思ったらさっと薬を中止か減量できる判断力を持った医者なら、なお良いと思います。このような薬剤の使い方は子どものてんかん診療と同じです。

かつて都心にある女子大の小児科の教授は、とある講演で「言葉の出ない子どもを持つお母さんに、一言『仕事から帰ってきたら思いっきりお子さんを抱きしめてあげてください』とアドバイスしたところ、三か月ぐらい経った頃、言葉が出はじめた」といったエピソードを披露してくださいました。想像たくましくこれを解釈すると、ぎゅっと抱きしめることで足りなかった伝達物質の遺伝子スイッチが入ってくれたのではないかと思えるのです。

「ＡＤＨＤの子どもに対し、ドーパミン取り込み阻害剤（コンサータ）を処方してドーパミンのシナプス間量を増加させる治療を行う前に、その子の気が休まるような環境を整える方策をアドバイスして、その結果、ドーパミン遺伝子のスイッチがオンになり分泌不全状態を改善させる」、そんなイメージを持って診療にあたっていただけたらと思っています。

## （3）若手医師へのアウトリーチ活動の勧め

発達障害を専門とする小児科医が集う日本小児神経学会では、昨年、通常の教育講演、一般口演、ポスター発表に加え、これからの小児神経学や学会の方向性を話し合う場が設けられました。その中で提示された課題の一つが「新型出生前診断時代の小児神経科医のあり方」でした。

新型出生前診断とは、妊娠母体の血液中にごく微量存在する胎児由来のＤＮＡを検査してダウン症候群であるかどうかを診断する、非常に精度の高い診断法のことを言います。従来、胎児がダウン症候群かどうかを調べる方法は妊婦の血液ではなく、産婦人科に行ってお腹に針を刺して羊水を採取して行う方法が用いられていました。この検査には流産などの危険が伴うため、検査を希望する妊婦は限られておりました。

しかし微量ＤＮＡの解析技術の進歩のおかげで、血液検査で自分の胎児診断ができるようになった今日、妊婦における抵抗のなさと特殊な技能が不要な採血で検査に出せるという医療職側の手軽さから、産婦人科医や小児科医のみならず、都心の美容整形外科医までもがこの検査を実施するようになり、検査を受ける妊婦が急増しました。そうなると、ダウン症候群は生まれてきてはいけない病気との考えを持つ人が、出始めかねない流れが社会に生まれてきました。

これに対して先天異常の子どもたちの診療を行い、また寄り添う立場の小児科医や小児神経科医は今後、どのような対応をしていけば良いか、ということが議論になりました。まず出てきた意見は、妊婦教室において十分にダウン症候群とはどのような疾患かを知らせておくというものでした。

私がその時述べた意見は、**「インクルーシブ教育」とその前の「インクルーシブ保育」の普及**です。幼い頃から障害児と一緒に育った大人は、ダウン症候群の友だちがどんなであるかを肌で知っているわけですから、妊娠してからあらためてこの病気の説明をしてもらうことは不要になるわけです。したがって、小学校教員や幼稚園教諭には障害児を受け入れたクラス運営ができる技量を持った方になっていただきたいと思うのです。

さらにこの方向性の支援のため、小児科医が学校や幼稚園の教壇に立って、ダウン症候群をはじめとしたヒトの多様性について、子どもたちに説明することが今、求められているように思います。

このような話を小児神経学会の議論の場で投げかけたところ、予想外にも若手医師たちが興味を持ってくれたのです。

今後はこの流れを加速させ、**医師が小学校や幼稚園に赴いてその教壇に立ち、知的障害や発達障害を含むヒトの多様性に関する教育を行うアウトリーチ活動を健康保険適用となる診療行為として認めてもらえるように厚生労働省などに働きかけていくことが必要**だと思っています。

## (4) おわりに：後世のためのアウトリーチ

これまで述べてきたように医師と心理職がタッグを組んで保育・教育の現場で発達障害傾向を認める子どもに対する早期介入を実施することで、その子に合わない養育環境からくる二次障害を最小限にして、良い面を伸ばし、その子の生活の質や人生を良いものに向かわせるきっかけを与えることが、われわれのアウトリーチ活動の目的だと思っています。

さらにその子が悪い環境で獲得したエピジェネティック変化は次の世代にも伝わり、同様な行動の障害を子どもにも発現させることを鑑みると、われわれの活動は目の前の子どもの**後世のためにもなっている活動**であると解釈できるかもしれません。

本章を読んでいただいた方の中から、幼少期のエピジェネティクスの可逆性を信じて、保育、教育、心理、医療の活動に取り組んでいただける方が出てきたら、筆者の望外の喜びです。

◇筆者の発達支援などの活動については左記のＨＰを合わせてご覧ください。
健康エピジェネティックネットワーク　　https://epihealth.jp/

## 参考文献


Kubota T, Das S, Christian SL, Baylin SB, Herman JG, Ledbetter DH（1997）Methylation-specific PCR simplifies imprinting analysis. Nat Genet 16:16-17

Weaver IC, Cervoni N, Champagne FA, D'Alessio AC, Sharma S, Seckl JR, Dymov S, Szyf M, Meaney MJ（2004）Epigenetic programming by maternal behavior. Nat Neurosci 7, 847-854

Tsankova NM, Berton O, Renthal W, Kumar A, Neve RL, Nestler EJ（2006）Sustained hippocampal chromatin regulation in a mouse model of depression and antidepressant action. Nat Neurosci 9, 519-525

Kubota T, Mochizuki K（2019）Importance of early educational intervention for children based on reversibility of environmental stress-induced epigenetic alterations. Regional “Stress and Behavior” ISBS Conference. Stress Brain and Behavior 1:e019004

Miyake K, Yang C, Minakuchi Y, Ohori K, Soutome M, Hirasawa T, Kazuki Y, Adachi N, Suzuki S, Itoh M, Goto Y, Andoh T, Kurosawa H, Akamatsu W, Oyama M, Okano H, Oshimura M, Sasaki M, Toyoda A, Kubota T（2013）Comparison of genomic and epigenomic expression in monozygotic twins discordant for Rett syndrome. PLoS One 8:e66729

Andoh-Noda T, Akamatsu W, Miyake K, MatsumotoT, Yamaguchi R, Sanosaka T, Okada Y, Kobayashi T, Ohyama M, Nakashima K, Kurosawa H, Kubota T, Okano H（2015）Differentiation of multipotent neural stem cells derived from Rett syndrome patients is biased toward the astrocytic lineage. Mol Brain 8:31

Miyake K, Kawaguchi A, Miura R, Kobayashi S, Nguyen QVT, Kobayashi S, Miyashita C, Araki A, Kubota T, Yamagata Z, Kishi R（2018）Association between DNA methylation in cord blood and maternal smoking: The Hokkaido Study on Environment and Children's Health. Sci Rep 8（1）:5654

Kubota T, Miyake K, Hariya N, Nguyen QVT, Mochizuki K（2016）Prader-Willi syndrome: the disease that opened up epigenomic-based preemptive medicine. Diseases 4: 15

Kong A, Frigge ML, Masson G, Besenbacher S, Sulem P, Magnusson G, Gudjonsson SA, Sigurdsson A, Jonasdottir A, Jonasdottir A, Wong WS, Sigurdsson G, Walters GB, Steinberg S, Helgason H, Thorleifsson G, Gudbjartsson DF, Helgason A, Magnusson OT, Thorsteinsdottir U, Stefansson K（2012）Rate of de novo mutations and the importance of father's age to disease risk.Nature 488:471-475

Franklin TB, Russig H, Weiss IC, Gräff J, Linder N, Michalon A, Vizi S, Mansuy IM（2010）Epigenetic transmission of the impact of early stress across generations. Biol Psychiatry 68:408-415

Schagdarsurengin U, Steger K. Epigenetics in male reproduction: effect of paternal diet on sperm quality and offspring health. Nat Rev Urol. 2016 13:584-595

Guy J, Gan J, Selfridge J, Cobb S, Bird A（2007）Reversal of neurological defects in a mouse model of Rett syndrome. Science 315:1143-1147

Lonetti G, Angelucci A, Morando L, Boggio EM, Giustetto M, Pizzorusso T（2010）Early environmental enrichment moderates the behavioral and synaptic phenotype of MeCP2 null mice. Biol Psychiatry 67:657-665

Nag N, Moriuchi JM, Peitzman CG, Ward BC, Kolodny NH, Berger-Sweeney JE（2009）Environmental enrichment alters locomotor behaviour and ventricular volume in Mecp2 1lox mice. Behav Brain Res 196:44-48

Kerr B, Silva PA, Walz K, Young JI（2010）Unconventional transcriptional response to environmental enrichment in a mouse model of Rett syndrome. PLoS One 5:e11534

厚生労働省 平成17年度知的障害児（者）基礎調査結果の概要
https://www.mhlw.go.jp/toukei/saikin/hw/titeki/index.html（2020.2.15 確認）

久保田健夫：第2部　各分野における２０１５年度の動向 第２章医療II発達障害とエピジェネティクス、発達障害白書２０１７年版（日本発達障害連盟編）、全２００p、明石書店、東京、２０１６

Lillycrop KA, Phillips ES, Jackson AA, Hanson MA, Burdge GC（2005）Dietary protein restriction of pregnant rats induces and folic acid supplementation prevents epigenetic modification of hepatic gene expression in the offspring. J Nutr 135, 1382-1386

Tobi EW, Lumey LH, Talens RP, Kremer D, Putter H, Stein AD, Slagboom PE, Heijmans BT（2009）

DNA methylation differences after exposure to prenatal famine are common and timing- and sex-specific. Human Molecular Genetics 18, 4046-4053

文部科学省初等中等教育局特別支援教育課 通常の学級に在籍する発達障害の可能性のある特別な教育的支援を必要とする児童生徒に関する調査結果について平成24年12月５日 https://www.mext.go.jp/a_menu/shotou/tokubetu/material/__icsFiles/afieldfile/2012/12/10/1328729_01.pdf（2020.2.15 確認）

Kubota T. Preemptive Epigenetic Medicine Based on Fetal Programming. In “Developmental Origins of Health and Disease(DOHaD)”. Advances in Experimental Medicine and Biology Volume 1012. Kubota T, Fukuoka H(Eds.), pp.85-95, Springer Nature, 2018

座談会

# これからの教育・保育のためのオープンダイアローグ


**久保田健夫**
聖徳大学教授
小児科医・小児神経科医

**山口豊一**
聖徳大学教授
臨床心理士・公認心理師

**腰川一恵**
聖徳大学教授
臨床心理士・公認心理師

**折笠とみ恵**
聖徳大学附属成田幼稚園
主任

**平山由佳**
聖徳大学附属成田幼稚園
教諭

久保田　本書のテーマは、「医師と心理職によるアウトリーチ型支援」です。これをふまえ、発達障害のアウトリーチ活動を行う際の支援をする側と支援を依頼する側とが情報交換することを趣旨にこの座談会を企画させていただきました。まずは、この方法の保育現場における有効性とは何でしょうか。支援をしている側としては多少感触がありますが、実際に支援を受けている幼稚園の先生たちはどのように感じているのかを、話し合ってみたいと思います。こういう点は助かった、もっとこうしてほしい、といったニーズなどもあればぜひお聞きしたいと思います。

ところで第1章は山口先生に「チームアプローチの経緯と意義」を書いていただきました。先生は聖徳大学に来られる前から小学校も含めてチームアプローチをされていて、そのご経験から医師との連携の必要性を感じられたと聞いています。聖徳大学では私と一緒にこの一年間、支援活動をしてくださいました。

第2章を執筆された腰川先生は、幼稚園だけでなく、公立保育園も含めて巡回での発達支援に携わっておられます。保育園では幼稚園よりも苦労されている部分があると聞いていますが、それぞれの領域での支援の実際など、広くアウトリーチをされているご経験をご説明いただきました。

第3章は私が「チームアプローチにおける医師の役割」を述べました。以前、行なっていた病院での小児神経科医としての診療との違いや幼稚園に出向くことのメリットを考えながらチームアプローチに携わってきました。その中で小学校に出向いた時には、保護者に薬の有効性を説明して病院につないだということがありました。その事例の場合、近くの病院に行って薬を飲むようになったら衝動的な行為が落ち着いたといとがありました。自身の研究からは早期支援が有効であると考えていたので、さまざまな職種の先生方と早期支援を実現していければ良いという思いでアウトリーチ活動を開始しました。

## 「発達が気になる」子とは

**折笠** 小学校教諭をしている友人から、「発達障害というのは今、ものすごく増えている」という話を聞きましたが、私たち自身が子どもの頃は、そういう子たちがいるという感じはあまりしなかったので、どういう子たちなのかというイメージが湧きませんでした。「コンパスを使えなかったり、枠の中に字を納めて書けない、定規で線を引いたりできない子には、発達障害の疑いがあるかもしれない」という話を聞いて、もしかしたらそういう苦手さのある子は、私の幼稚園にもいるかもしれないと、実はすごく身近にいるのではないかと思いました。

久保田　発達障害も含めて、障害のある子に関する認識は、若い人たちの世代では一般的になりつつあるのかもしれません。私が小学生の頃は、特別支援教育とは言わず、特殊教育と呼ばれていましたが、その時代はダウン症の子と同じクラスになるということはありませんでしたが、現在はインクルーシブ教育の流れもあって障害のある子と接する機会が増えていているせいか、聖徳大学でも特別支援教育の関連科目を履修する学生がかなり増えてきています。私が選択授業で土曜日に講義をしている科目は児童学部だけではなく、音楽学部や文学部といった他学科の学生も履修しています。実はこの授業は高校生も参加することができるのですが「こういうことを勉強したい」と言って、七〇人くらい参加しています。

山　口　すごいね！

折　笠　学部が違う人も参加しているんですか。

久保田　はい、学生をはじめ若い世代が広く現実を知るようになったのかもしれませんね。

折　笠　私たちが若い頃、ダウン症の子たちの存在は知っていましたが、実際どういうふうに過ごしていたのかはわかりませんでしたからね。

山　口　NHKでも積極的に発達障害の特集をしています。ある番組によると、小さい頃から見過ごされて大人になって診断されると、予後が悪いそうです。そこから治療を始めてもあまりうまくいかないことが多いそうです。

**久保田** 聖徳大学の学生の実習先として成人の障害者福祉施設を巡回した際、そこの理事長さんが、新たに施設を作りたいとおっしゃっていましたが、それはなぜかと言うと「ここに来ている人たちも、子どもの頃からもうちょっと関わってあげていたら、ここまで障害が重くならなくて済んだんじゃないか」と思ったからだそうなんです。

## 現場は、どのようなことで困っているのか

**久保田** では、幼稚園の現場では、どのようなことに困っていて、どういう助けが必要だったのでしょうか？ 最近の幼稚園はどのような状況ですか？

**折笠** 私は平成四年から保育の現場にいますが、まず思いつくのは、集団からちょっと外れる子が増えているというか、いわゆる「グレーな子」が増えたように感じます。私たちの経験から「あれ？」と感じる子というか、どう対応したらいいか、不安に感じること子もいます。でも保護者の方には「お子さんはグレーゾーンかもしれません」ということは、絶対に言ってはいけません。ただ、お子さんの特性を認めてほしいというか、ご協力を得るために親御さんにお子さんの特性をお

伝えしたいのですが、どう言ったらいいのかを、ずっと悩んでいました。
それが、久保田先生のチームに来ていただいたことで、保護者の方のご協力をお願いしやすくなったと思います。先生方から「生活リズムを整えたほうがいいですよ」とか、「ちゃんと眠れていますか?」といったことを保護者の方にお話しいただいてから、私たちが日ごろ目にするお子さんの様子を、伝えやすくなりました。

教員たちは、四月にクラス担任になると、一人ひとりがどういう子なのかを、手探りでつかんでいきます。その前に、他のクラスで同じ子を見ていたとしても、自分のクラスの子としてずっと関わっていくと、あらゆる生活場面について一から見ていくことになります。そうすると、「こういうときにはどうしたらいいのか……」と悩みながら保育をするような場面にも出会うので、そこでお医者さんや心理職の先生に相談することができると、「ああ、これでよかったんだ」と安心して保育をすることができます。

**久保田** 親御さんにお子さんの特性をどう伝えるのかという悩みは、最近のことですか?

**折　笠** それはもう、ずっと悩んでいました。自分が若いときは、ベテランの先生のクラスにちょっと気になる子が入っていたので、そういう悩みはあまりなかったのですが、自分が受け持つようになると、「相談できる専門家の先生がいるかどうか」は、とても大きなことだと感じます。園内にいろいろなお子さんを知っている先生もいらっしゃいますが、その先生に頼ってばかりは入れないので、あとは手探りでやっているのが現状です。

久保田　平山先生も十年くらいのご経験がありますが、先生になりたての頃と今とでは状況が違いますか？

平　山　そうですね、「気になる子」と一口にいって、全部が気になるのではなくて、「この部分だけは気になるな」という子が増えている感じがします。ただ、診断されているわけではないので、それはその子の経験不足なのかどうかという、見極めに迷うことがあります。

久保田　全部ではなくて「この部分だけ」というのは、たとえばどんなところですか？

平　山　物を作るのが好きじゃないとか、落ち着いて座っていられないとか……。はさみや道具を使えない子ですとか、それから環境の変化が苦手な子がけっこういます。幼稚園には一日の流れがありますが、たとえば「今日は着替えなくていい」とか、いつもと違うことがあると、「どうしていつもと違うの？」と混乱してしまったり、「お外で遊ぶって言ったけど、その前にこれやってね」というちょっとした変更があったりすると「さっきお外って言ったのに！」と、納得がいかなかったり、というようなことです。

**折　笠**　色が覚えられない子もいますね。

**平　山**　はい、「赤いクレヨン取って？」っていうとそれは分かるんですが、赤いボールを指して「この色何？」と聞くと、分からなかったり。

**折　笠**　それから、ＳＯＳを出せない子もいます。

**久保田**　たとえばどのようなことですか？

**折　笠**　困ったような顔をして、ずっと眺めているんです。どう行動していいかわからないんです。

**平　山**　自分の気持ちを言葉でなかなか伝えられないというか、「そうなの？」って聞くと「そうなの？」ってオウム返しをしてきたり、それは経験不足なのか、その子の特性なのか、お家と環境が違うからそうなってしまうのか……。

**久保田**　親御さんはこの十年でどんな変化がありましたか？

**平　山**　「先生にお任せします！」という親御さんが減ってきていて、「ここはもっとこうしないといけないんじゃないですか？」とご指摘をいただくこともあります。

**久保田**　「気になる子」の親御さんはどんな方ですか？

平山　あまりお子さんの特性については、気にされない方が多いかもしれません。「うちの子ちょっと変わっていますよね？　変わった性格ですよね、でもそれも特徴なんでしょうね」というふうに、お子さんの「困り感」をそれほど、大きな問題と思っていない感じがあります。

折笠　もしかすると、一人っ子でずっとお母さんと二人でお家にいる子の場合、何か困ったことがあっても、全部お母さんが手を差し伸べてしまうので、困ったことを伝えるという経験もしていないのかもしれません。一方で、すごく不安に思っている親御さんもいるのですが、お子さんが困っていることを、どういうふうに伝えたらいいのかが、本当に難しくなっています。「こういう困ったことがあるとパニックを起こしてしまうので、私たちもどう対応したらいいか考えています。お家のほうでも、発達支援センターに相談してみてはどうですか？」と勧めてみたこともあるのですが、一度行って「落ち着くまで待っていれば大丈夫ですよ」と言われてしまうと、私たちはまだちょっと心配だなと思っても、それ以上はどこにも相談せず、そのままにしてしまう親御さんもいます。それは、「認めたくない」と言っていいのかどうかわかりませんが……。

久保田　本質的な話になりますが、昔の親御さんは、もうちょっと心配するとか不安に思うことがあった気がするのですが、文字通り様子を見るというか、ある意味での「放置」になってしまっているんですね……。

折笠　ひと昔前は、私たちが伝えたことを、素直に受け止めてくれたような気がします。

平山　特性ははっきりとは見えにくいから、親御さんもどう受け止めたらいいのかがかわからないのかもしれません。吃音があったり、目に見える形で「大丈夫かな？」と心配になるような発達の特性ではなくて、それが「こだわり」であったりして、しかも部分的なところだったりすると、「うちの子はお友達とも遊べているし、発表会にも出ているから大丈夫です」ということになってしまって……。私たちが気にしているのはもう少し生活面でのことなのですが、一見ふつうに過ごしていると「先生はどこをそんなに気にされているんですか？」、というふうに思われるのでしょうか……。

## 「保育の力」こそが子どもを変える

久保田　なるほど、腰川先生、そのあたりはどのようにとらえて、対応していけばいいのでしょうか？「問題」が大きくなっている背景には何があるのでしょうか

腰川　昔から特性のあるお子さんはいたかなと思うのですが、「発達障害」という知識

も入ってきているので、今の先生方は細かく見ていらっしゃるのかなと思います。一方で、細かいところでの「できない部分」というのも見えてくるわけですよね。ですから、私も一歳児の方について、先生からご相談を受けることがあります。

折笠・平山　ええ！

久保田　そういうふうに、早期のお子さんについて相談があるというのは、先生の「見る目」が、昔に比べてできているということなのでしょうか？

腰川　それもありますし、どう対応するのかという、「一般的な保育」の部分が揺らいでいるのかなということも感じます。

久保田　見つける能力も高まっているけれども、反面「保育力」も落ちていると？

腰川　そこまで言ってしまうと言いすぎかもしれませんが、これまでの先生方がいろいろな人たちと話し合いながら「この子はこういう個性がある子だから、こう対応していこう」というふうにうまくやってきたことが、「発達障害」という概念が入ってきたことで、かえって現場の対応を難しくさせているのかなという気もするんですね。「障害ということになると、そこは私たち（教育・保育）の領域じゃないから、どうしたらいいのか……」と、自分たちの保育に迷いが生じるということがあるのかもしれません。

ただし、いわゆる発達に遅れのある子はいますから、たとえば一歳児、二歳児で、子どもの上に覆いかぶさっちゃう子とかは、ちょっと大丈夫かなということで、相談は受けますね。

久保田　そういえば、先日のチーム巡回の帰り道に、気になった子の診断名をさらっと言ってしまったら「そういうこと言うと保育が変わってしまいますよ」と腰川先生からご指摘をいただいたことがありました。「診断名をつけてしまうと、『もうこの子は私たち保育の範囲で見る子じゃない』と、保育者に逃げられてしまう」ということだったと思います。医師がうかつに診断名を言ってしまうと、幼稚園の先生たちの保育を放棄させてしまうというか……。

ふつうでしたら、どのような子─たとえ診断名がついていたとしても、何か特性があったらそれも含めてその子を良くしようという、努力しようという、本来保育の現場にあった「よいもの」を削いでしまう可能性があると。子どもに「レッテル」を貼ってしまうと、自分の保育の対象外に思ってしまう保育士もいるということだったと理解しています。

腰　川　はい、アウトリーチのチームにおけるお医者さんの必要性はもちろんあると思うのですが、お医者さんはお医者さんの役割、心理師は心理職の役割、その役割をしっかりと分けないといけないと思います。

巡回相談というのは、診断名をつけるためにするのではありません。気になる子がいたら、まずは環境をどう調整するかを考えるのが先です。その子に合わせて、たとえば他の子に覆いかぶさっちゃう子がいたら、その子の周りをどうするか。調整してみたけれどもやっぱり難しい、というお子さんは確かにいますから、その場合は特性が強かったり、もしかすると発達障害の可能性もあるかもしれませんので、そこでは医療のアプローチが必要になってきます。ただし、はじめから「この子はＡＤＨＤかもしれません」「落ち着かせるにはこういう薬を飲ませるのがいいです」という診断名ありきのアプローチは、幼児期の子には慎むべきだと思うのです。

折笠　小さければ小さいほど、特性なのか他の原因があるのか、わかりづらい部分がありますよね。

腰川　はい、ありますよね。

折笠　でも、少し経ってみると「ここは成長したなぁ！」という面が見られたりするんです。

腰川　それはきっと、先生方が保育を変えた、対応を変えたことが、子ども成長に大きな影響を与えたんですね。

**折笠**　本当に日々悩みながらです。以前経験したのですが、早いバスで帰る子で、デザートが食べ終わらなくパニックになってしまう子がいまして、「早く！」と厳しくしていた対応を変えたら、パニックを起こさなくなったんです。それで、「ああ、私たちの対応が間違っていたんだ……」と。

**腰川**　でもそれは、間違いではないと思うんです。一斉に行動するときの指導なので、ただ、その子だけ少し早めに食べ始めてもらっていれば、終わりが一緒になるよねといった、ちょっとした私たちの「配慮」で、変わるのかもしれませんね。

**折笠**　少し変えることで悩みが減れば、先生たちにも余裕ができますよね。

**腰川**　そうですね。まだ言いたいことは山ほどありますが（笑）、大事なことは、とくに幼児期は、診断がはじめではないということを、お医者さんにぜひわかっていただきたいと、強く思います。

**折笠**　対応のしかたを私たちが変えていけばいいということですか？

**腰川**　そうですね、そのためには心理職を現場に呼んで、いろいろなアドバイスを求めるのがいいと思います。その子の発達自体に問題があるということではない、親御さんや先生たちの対応、それから周りの子たちといった環境の要因はどうかなど、子どもについて様々な角度からの視点を、私たち心理職は持っています。そういった「手助け」を生かして、型にはまらない「柔軟な保育」をすることが大事な時代になっています。子どもたちへの視点をもう一度見直して、困っているのは子どもたちであるという見方をしていく、それが今の保育に必要なことだと思います。どうしても「発達障害」という頭から見てしまいがちかもしれませんが、一人ひとりそれぞれに苦手なことがあって、私たちがどう工夫したらそれがうまくいくのかを、まず考えてほしいです。

それでも対応が難しいお子さんは機能的な問題を持っている可能性があったり、あるいは親御さんとの関わりのなかでつらいことがあり、それが幼稚園でのいろいろな行動として表れるということは、たくさんありますから、発達に問題があるというふうに見る以外の視点を持たなければなりません。「発達センターに行ってください」ということを口にする先生もよくおられますが、「そうじゃないでしょう」と心の中で思っています。

まずは保育を変えてみる。そして、親をうまく巻き込むのが大事です。

まずは親との関係づくりを

折笠　親御さんを巻き込むのはなかなか難しいんですよね……。

腰川　たとえば、先生たちが伝えたお子さんの様子を、親御さんが受け入れられないようでしたら、「お家ではどういうふうにしていますか？」と聞いてみてはどうでしょうか。

折笠　走り回っちゃって、お母さんが迎えに来ても追いかけっこしているような子がいたんですが、「こんなふうにやってみたら、この子落ち着いていましたよ」というような、うまくいった方法を伝えれば大丈夫でしょうか……？

腰川　それはすごくいいと思います。きっと親御さんたちは、お家でもいろいろなことに困っていると思うんです。園でうまくいったことを伝えて、「実はうちではこれが困っていて……」というお話をしてもらえるような関係づくりをしていけば、お互いに「こうしたらいいでしょうか」と、対応を話し合えるようになると思うんです。反対に困ってしまうのは、園では大変だけれども、お家では大丈夫というお子さんですね。

折笠・平山　ああ……。

腰川　そういう親御さんのお気持ちもわかるんです。幼児期は可能性がすごくある時期ですし、まだ学校のようなかっちりした教育環境にいるわけでもありませんから、苦手なことが見えにくい。不安はあるけれども、認めたくないという。

こういう気持ちはどんな親御さんにもあると思いますが、それでも「ここが苦手そうですが、幼稚園ではこんなふうに試してみました」ということを、伝え続けていくことが大切です。そういう機会がないと、後になって大変です。「実は先生からこんなことを言われたんです！　どうしましょう！」と、五歳になって慌てて教育相談に飛び込んで来た親御さんがいました。それはちょっと不幸なことなんです。集団の中だと、ちょっとこんな姿がありますよ、ということを伝えていって、すぐに理解していただくのは難しいかもしれませんが、お子さんの集団での姿を、少しずつ親御さんの中に積み上げていく。そうすると就学前に、「うちの子、これだと学校に入って大変かもしれない……」と気がついたり、小学校に上がってからでも「あの時、先生が言っていたことはこれだったんだ！」と、つながる可能性があります。

「保護者支援をしても、大人はすぐに変わりません」と、よく保育者研修会で言うんですが、子どもは先生方が手を変えるとすぐに変わるんです。でも保護者は急に変わりません。

**折笠**　焦っちゃいけないんですね。ついつい焦っちゃうけれど……。

**腰川**　焦らないことが大事ですね。でも、ちょっとずつ伝えること。それが大事ですね。

**折笠**　あと一年で就学と思うと、時間があんまりないなと感じてしまって、「どうしよう、どうしよう」となってしまうんです。あまりそういうふうに思わないほうがいいのでしょうか？

**腰川**　親がすぐに認めるのは難しいです。とくに幼児期はそうですね。小学校に入ってからだと、ちょっとわかるんですけれどもね。

**折笠**　たとえば、若い幼稚園の先生がお子さんの困りごとを親御さんにどう伝えたらいいか困っていたら、私のような主任の立場の教諭はどのように指導すればいいでしょうか？

**腰川**　そうですね、「ちょっとこんな姿なんですけど、こういうことを試したら、こうなりました」といった、フォローを入れるような言い方がいいですね。お子さんのネガティブなことをストレートに伝えると、親御さんは自分が責められたように感じてしまいます。ですから、困っている部分だけではなくて「私がこういう方法を試してみたら、少しずつできていますよ」といったポジティブな面も一緒に伝えるといいと思うんですよね。

## 親の協力を得るためのアウトリーチ

山口　そのような、親御さんにどう伝えるかということも解決できるのが、アウトリーチ型支援だと思います。学校や幼稚園で、担任の先生から「発達センターに行って診てもらってください」と安易に親御さんに伝えてしまうと、信頼関係を崩してしまいます。そうした場合に、心理職に来てもらって、「言いづらいこと」を代わりに言ってもらうと、信頼関係を壊さずに、先生たちが感じたこと・考えていることを伝えることができます。私が学校などの現場に行くと、先生とカウンセラーの方と話し合って「これは、私たちは言いにくいので、カウンセラーの方から伝えてください」といったように、誰が伝えるのがいいのかということを検討します。それから大事な配慮は、お子さんを見て気になったことでも、伝えないほうがいいことは言わないということです。それを先生が伝えたいと思っていても、説得して言わないようにします。こういった保護者の対応でも、外部の専門家を使うことは十分メリットがありますし、それがチームで支援することの意味だとも思います。

折笠　久保田先生や、山口先生がいらして子どもを見てくださったときに、保護者の方は、先生方にはお子さんの家での様子を話されていたようなんです。ということは、幼稚園の先生には見せたくない、家での子どもの姿というのを、アウトリーチ型支援の先生方には相談しやすいのではないかと思ったんです。先生方がいらしたときに、困っている親御さんの相談に乗っていただくと、けっこう心を開いて話されていたように感じます。

久保田　実は、必ずしも医者としてのアドバイスをしているというわけでもなくて、「いつもと違う人」「他所の人」として、ふだんお母さんが話さないことを聴く、「え？そうだったんですか？」と、園の先生が思う話を引き出すのが役割だと思っています。消極的かもしれませんが……。

山口　幼稚園の先生はクラスの担任として、ずっとその子を見るわけですから、「そういう目で自分の子を見てもらいたくない」と思うと、ちょっと話しづらいということはありそうですね。でも、私たちアウトリーチ型支援のメンバーに対しては、「この人たちは今日一日だけだから、困っていることを相談しても大丈夫」という安心感があるのかもしれません。

折笠　そういえば、運動会に入れないお子さんを先生方に見ていただいたときに、お母さんから、お出かけした先でお子さんがパニックを起こしたという話を伺いました。そのことは直接聞いていなかったので、先生方にはそういう話をされたというのは、私たち幼稚園の教員には言いたくないことだったのかなと、これは役割分担が必要なんだなと感じました。

久保田　それは先生方にとっては、予想しないことですよね。こういうところは、アウトリーチ型支援の価値の一つなのかもしれませんね。

## 保育の現場にチームアプローチが必要な理由

### »支援をスタートさせる«

山　口　さきほど、腰川先生が診断名をつけることの良し悪しについてお話されていましたが、メリットとデメリットと両方あると思います。デメリットは、腰川先生がおっしゃったように、診断名がつくことによって「この子はＡＤＨＤだから、私たちの保育のしかたがまずいのではない」「うまくいかないのは、この子の発達障害のせい」というふうに、「教育・保育放棄」につながる可能性が確かにあるということです。一方でメリットというのは、チームのメンバーの役割分担が明確になるので、必要な支援をスタートさせることができるという点です。これは筑波大学にいらした宮本信也先生（現　白百合女子大学教授）から伺ったお話なのですが、たとえば「ＡＤＨＤです」と診断するまでが医師の役割で、そこからＡＤＨＤの子に合わせた教育支援プログラムを作成するのは教育・保育の役割、心理的ケアをするのは心理職の役割、というふうに、それぞれの支援の方向性がはっきりしてきます。このあたりを幼稚園や小学校の先生が理解してくれて、教育・保育プログラムは医者には作れないから、その道のプロである自分たちの仕事なんだという意識をもってもらって、どのようなプラスアルファの支援をすればその子が苦戦しないのかを考えてほしいんです。このような、支援の必要性を最初に明確にするのが、医師の役割なのではないかと感じます。

したがって、アウトリーチ型支援で医師と心理職が出向くことによって、診断名はつけないまでも、少なくとも支援の必要性や方向性をその場で明らかにできます。そこで幼稚園の先生方には「こういう特性があるから、先生方にはそれに合わせたプログラムを作って支援してほしい」と、また心理面では心理職がこういうケアをしていきますと、話し合って支援の方向性を伝えることができます。こうすれば、一気にその子の支援をスタートすることができる……。

## 様々な専門家の見方を共有する

腰川　ただ、幼児期は診断が微妙なお子さんのほうが多いので、まず診断ありきだと、ちょっと困ることもあります。ですから、アウトリーチ型支援の意義は、医師・心理職、それから現場の先生も含めた、いろいろな専門家の見方を出してみて、この子はいったい何に困っているのだろうかということを、明らかにすることにこそあると思うんです。幼児期では、その困りごとに対するアプローチの第一選択肢は診断ではなく、どうすれば困っていることを減らせるかを考えることです。幼児期は本当に様々な要因があるので、あまり保育者の方から「発達センターに行ってください」と勧めることはしてほしくないのが正直なところです……。

山口　先日、ある先生から「これはＡＤＨＤなのか、愛着障害なのか、見てください」と言われたんですが、ちょっと見ただけでは……。

腰川　たとえ分かったとしても、やはり保護者の方との関係性がありますしね……。

山口　かなり困っている先生ですと、このような診断名から、子どものことを少しでもつかみたいと思われるのかもしれません。そこで医者がいれば、どう見るのかを聞くことができるので、久保田先生をアウトリーチ型支援にお誘いしたのは、そういう事情もあります。

久保田　でも、腰川先生に大分感化されてきました（笑）。

腰　川　感化されてきましたか（笑）。

山　口　先生、感化されてはダメですよ（笑）。

久保田　まあ、私も医者でありながら医者でないというか、一年間アウトリーチ型支援をしてみて、診断ありきではないと感じています。一人ひとり、何が得意で何が不得意かということは異なるので、アドバイスも異なります。教育の現場では特別支援学校でさえ、診断名で支援内容を決めてしまう方向性ではないと思うようになりました。

アウトリーチ型支援を始めて一番感じたことは、病院の中で診療していたときは、子どもに関して親や先生は悪い情報しか話してくださいませんので、腰川先生などと一緒に子どもを見に行くと、現場で見るからこそ、あれもできる、これもできるということがよくわかるということがあるんですね。その様子を見た上で、どのような支援が必要かということを考えると、薬という選択肢はかなり後のほうになります。

一方で、緊急性がある場合は、医師の出番があるのだと思います。小学生4年生くらいの子のケースで、他害をしてしまったり物を投げたりしてしまうような衝動性のある子でしたが、診断名はともかくも、医師の立場からご両親に診察を勧めてみたところ、薬を処方されて落ち着いたという例がありました。

ただ、この例も緊急性があったから病院での診察を勧めたということで、そうでないお子さんについては、薬ではないさまざまなアドバイスをしていかなければならないと思っています。

**腰川**　ただ、物を投げるという行動ひとつとっても、まず環境との相互作用の影響を考えていただきたいと思うんです。まず医療機関というのは、どうかな、と……。

**久保田**　この例では、先生は困り果てていて、確かに、薬で落ち着かせることがその子にとって幸せかどうか分かりませんが、社会的な緊急性を考慮した「対症療法」やしかられてばかりいることによる「二次障害の予防」という意味ではこのケースで、成功しているのかもしれません。こうした衝動性についても、根本治療できる薬はありませんし、本当にその子がよくなるためには、親御さんも含めた支援をしなければなりません。親子の相互作用について、たとえば「不登校になるお子さんの父親像」といった、ある程度の傾向のようなものはあるといえます。「このお父さんならそうなるかな」ということはありますが、お父さんご自身を「治療」するのは難しいですから、支援の視野を広くもたなければいけないのは、確かにその通りだと思います。

腰川　もう少し環境との相互作用という観点からその子を見ないと、見誤ってしまうと思うんです。保育所で物を投げるお子さんのケースを見たんですが、それは「先生の注意を引きたい」という心理からの行動でした。先生との関係性から起きる行動もあるので、そこを見ないで「発達障害かもしれないから、病院に行ってください」ということは、薬を飲んで抑えるんですか？　という話になってしまいますから……。

## 「医療ありき」ではなく、保育での支援の可能性を広げる

久保田　私も現場に呼ばれて行ってみると、『お医者さんから『早く病院に行ってください』と言ってもらえませんか」という先生の気持ちが、見え見えだなと感じることがあります。私が呼ばれるには、現場のそういう心情が裏にあるということもあります。ただし、支援に本腰を入れるなら、親御さんもそこに呼んでいるのだし、幼稚園の先生も含めて、私たちと一緒にお子さんの困りごとの原因を洗い出すというのが、いいのではないかと思うようになりました。

腰川　だから、お医者さんが一人で行ってはいけないんですね（笑）。チームアプローチの大事なところはそこにあります。

山口　私が久保田先生と一緒に出掛けるときの話ですが、事前の打ち合わせはなく現場に行きます。実は「私はあの子はＡＤＨＤのような気がするものの、薬物療法の前に環境調整をして様子を見てほしいんだけれど、久保田先生は何と言うだろうか……やはり打ち合わせをしたほうが良かったかな」というふうに、迷ったりもします。そして実際に現場に行くと、幼稚園の先生も含めて、専門性がそれぞれ違うので、それぞれが言いたいことを言うわけです（笑）。

でも私は、それでいいと思うんです。チームアプローチですから、医者は医療の専門家として、私は心理の専門家として、そして幼稚園の先生は教育の専門家として意見を述べて、それを保護者が選ぶわけです。「やっぱり幼稚園の先生の言うことが正しい」と思ったら、その通りにするんです。チームアプローチというのはコンサルテーションですから、メンバーの関係は平等です。その中で「うちの子に合っている方法はこの人の言うことだから、そうしたい」というふうに、保護者が主体となって選んでもらって、最終的には幼稚園の先生と方針を決めればいいんですよね。

それから心理職としては、「こういうときは、医者はどう言うのか」というふうに、自分の考えを相対化することもできるので、ここにも医師と心理職でチームを組む意味があると思います。

**久保田** 心理職である山口先生から「この子は薬物療法かな」という見立てを聞いて、逆に私が「まだ薬ではありませんね」と言うこともありますよね。

**山　口** そうですね。こういうふうに、専門家でも同じパターンの見立てをするわけではないのですから、現場の先生方には、いろいろな専門家、いろいろな角度の見立てがあるということを、子どもの正しい理解に役立ててほしいんです。

## 診断しないなら、医師は必要ない?!

**久保田** せっかくの機会ですので、私は何をすればいいのか教えてほしいのですが……（笑）。

**一　同** （笑）。

**折　笠** 見守り（笑）。

**久保田** まあ「世にも珍しい」というか、山口先生も「あまり聞いたことがない」とおっしゃるわけです、医者が出向くというのはね。ただ、小さい頃から障害傾向のある子と一緒に育った人が後輩の医者にも出てきているので、若い人のほうが私の世代よりもチームによるアウトリーチ型支援に興味を持っているわけです。そこで、このチームアプローチではどのような棲み分けというか、役割分担になるのでしょうか。

「現場に行く医者がどこまで役立つのか」という点は、自分ではなはだ不安なところがあります。しかし、ふつうに親御さんが医者に駆け込んだ場合は、子どもが幼稚園や保育所といった集団のなかでどう過ごしているのか、何が得意で何が苦手なのかを見ず、薬だけ渡しますよね。病院はそのための場所ですから、これは当然なことです。発達障害を専門に診る病院は別にして、背景にどのような事情があるのかを聴くのは限界もあります。それでも、心理職の人も一緒に、子どもがいる現場を見るというのとは、少し違うと思うんです。

山口　では、結局のところ、アウトリーチ型支援のメリットは、どのようなところにあるのでしょうか……。

『社会的ひきこもり』をはじめ、ご著書や支援のケースをたくさんお持ちでいらっしゃる精神科医の斎藤環先生が、ひきこもりの支援では、アウトリーチ型支援で出向いて、本人も交えた「オープンダイアローグ」が有効であるとおっしゃっています。精神科医と心理職が家を訪ねて、全員が言いたいことを言う、ここには保護者はもちろん、本人も含まれます。こういう現場でも、医者と心理職の意見が食い違うことはいっぱいあると思います。最終的に決定するのは、本人と家族です。アメリカでも主流な方法になっているそうで、私はここからヒントを得て、心理職としての巡回相談に、医師である久保田先生を巻き込みました。

だから、医者からの意見であるということが大事なので、心理職と意見がずれてもいいと私は思うんですが、久保田先生いかがでしょうか。

久保田

一年間、アウトリーチ型支援をやってみて、「何をやっているのだろう」と思うこともあります（笑）。でも、心理職の人と一緒に支援をするのは、私の医者としての「ルーツ」と大きな関係がありました。

山梨の大学病院の小児科で遺伝外来をしていた頃、途中から心理職と一緒に外来をするようになりました。遺伝カウンセリングというのをしていて、遺伝の仕組みを伝えて、突然変異の病気や染色体など、親の遺伝子の検査結果から子どもがこういうことを受け継いでいる、という話をしていたのですが、スクールカウンセラーをしている臨床心理職にも同席してもらうようにしたんです。その人は県を回っていたので、学校のバリアフリーの充実度をよく把握していました。筋ジストロフィーの子が学校に上がるときにここの学校はエレベーターがないので危ないとか、あるいはあそこは人数が多いので手足が不自由な子には危ないとか、そういう状況を知っていたんですね。すると、私の医師としての遺伝子の診断は一度の話で終わるのですが、患者さん親子は心理職からのリアルタイムな情報を聞きに来るようになったんです。

このアウトリーチ型支援でも腰川先生、山口先生と巡回していますが、かつての外来で心理職と組んでいた経験と、オーバーラップするところがあります。そうすると、私は必要なんですかね？（笑）

**腰川** （笑）。先ほど山口先生もおっしゃったように、久保田先生の見立てもやはり大切だと思います。

**久保田** 医学的な質問をされることもありますしね。

**山口** 幼稚園を一人で巡回していたとき、こんなことがありました。緊張すると食べ物がのどに引っ掛かってしまう子がいて、ふだんは問題なく食べられるそうなんですが、そのときお医者さんがいたら、これは病気の可能性があるのかと聞きたかったですね。

**久保田** たとえば、そこで親戚に同じような人がいるのかを聞いたりして、遺伝的な体質なのかどうかを見立てることはできますね。

山口　病院に行こうとしても、発達の問題と考えてそういう病院を訪ねたら、何か月も外来診察を待たされることになって、とてもかわいそうですよね。そこでお医者さんから、「病気ではないから心理的なサポートをしてもらってください」ということをひとこと言ってもらいたかったという経験がけっこうあったので、それならお医者さんも一緒に行ってもらって、その場でアドバイスをもらったらすごくいいんじゃないかと思ったんです。

　ところが、久保田先生や斎藤環先生のような、ご自分から出向いて行かれるお医者さんはなかなかいないんです。

腰川　そうですよね、難しいですよね。

久保田　私が出向いて行っていいことがあるとすれば、お子さんと親御さんが外来を受けるまでいたずらに待たせることなく、すぐになんらかの見立てを提供できる点でしょうか。最近では二年待ちという病院もあるので、診察を待っている間に、三歳の子は五歳になってしまいます。そうなってから初めて良いとか悪いとかコメントをされるよりも、問題がないならないで早く分かれば安心ですし、稀に変わった病気を発見するようなことがあれば、すぐに診てもらったほうがいいというアドバイスができます。

## よい支援は親も変える

**久保田**　ちょっと現場で奮闘されている平山先生に、お伝えしたいことがあります。この話は、学生にも必ずします。

一つは聖徳学園八王子中央幼稚園の卒園式に参加したときのことです。ＰＴＡ代表の方からの「感謝の言葉」に、意外な一言がありました。それは、「私たち親を変えてくださった先生方に感謝したい」という言葉なんです。それを聞いて、ああここはいい幼稚園なんだなと思ったんですね。

それからもう一つは、私が遺伝外来をしていたときに、患者さんであるお子さんの親御さんから聞いた話なんですが、そのお子さんが幼稚園に上がった年少のときに初めて、みんなと一緒に落ち着いて過ごすことができないと気づいたそうなんですね。ところが年中のときに新しく来た担任の先生が「こういうふうにすると落ち着きますよ」と教えてくれて、家でもやってみるとうまくいったんですね。その子が年長になって親の会に呼ばれて行ったときに、そのお母さんはこう言ったんです。

「本当にいい先生に会えて良かったです。そして何より感謝したいのは、「私を変えてくれたこと」です」

この話には続きがあって、とある心理師資格の予備校の理事長先生にこの話をしたら、「これは想像ですが、外から来ていい方法を教えてくれたその先生は、はじめから上手にできたわけではなくて、いろいろな方法を試行錯誤されたんでしょう」とおっしゃいました。

先ほど腰川先生から二つ、「先生方は親御さんにお子さんの園での様子を伝える大切な存在」というお話と、一方では「子どもよりも大人を変えることのほうが難しい」というお話があったように、なかなかすぐにできることではないかもしれません。しかし先生方にはぜひいろいろ試していただいて、親御さんを変える先生になってほしいと思うんです。

平山　アウトリーチの先生方がいらっしゃる前は、「この子には何かあるんじゃないか」「障害かもしれない」と、自分が見ているとおりのことを誰かに言ってもらえれば、そういうふうにその子に対応してあげられるのではないかと、変なふうに思いこんでいたところもありました。本当は腰川先生がおっしゃっているような、障害ありきではない関わり方をつくっていかなければいけないと思いながら、園の中で他の先生に相談するときも、自分の見方に「そうかもしれないね」という言葉をもらって安心したいと思いがちだったんです。それが先生方に来ていただけるようになって変わったのは、そういうふうに子どもを「枠にはめようとしてしまう」ことにすごく悩んでいたのですが、それを解消していただいたことです。

逆に、その子の特性に合わせた関わりをしているけれど、そろそろ学校に上がるのでこれは止めたほうがいいかもしれないというふうに、自分なりの関わり方が一般的な「枠」から外れていないかと不安を感じたりもしていました。

それが、外部の専門家である先生方に客観的に見ていただいたときに、「学校に上がるとそういう関わり方はしてもらえないので、今その子が楽しいと思えるレベルに合わせて関わっているのは、とてもいいことですよ」と言ってもらったことで、とても安心しましたし、無理にみんなと同じ「枠」にあてはめなくていいんだと、自信をもつことができました。いろいろな見方をされる専門家の方の意見を聞くことで、それでよかったんだとスッと腑に落ちることがあったんです。

久保田　これで良かったと思えたんですね。その子には具体的に、どういう関わり方をしていたんですか？

平　山　その子は、毎月の課題になっている製作をしているときに、どうしていいかわからないことがあっても、「わからない」と言えないなんです。ずっと言えなくて、そのままなんです。それで、どうしても他にもたくさんの子がいるので、他の子たちも指導しているなかで、その子だけ待ち時間ができてしまうんですが、「みんなはやっているのに、自分はできないんだ」と、思うようになってしまったんです。

そこから、どうしたら楽しくできるかだろうかと考えてみて、一対一というか、その子のためにできるだけ時間を取ってあげられるよう、他の子への指導を工夫しながら、その子に対しても「わからないことがあったら言っていいんだよ」と言葉がけを多めにしてみました。そうすると、「できた!」って、その子自身が言うようになったんです。出来上がった作品は、周りの子と比べてしまうと、もう一息のところもあるかもしれません。

でも、本人が「できた」「楽しかった」と思える達成感を引き出すことができたので、それでよかったのかなと、アウトリーチの先生方の見立てを聞いて思えたんです。保護者の方と面談したときにも、指導を変えてからしばらくしてお家で「できなかった」などのネガティブな発言がなくなって、「あれも楽しい」「これも楽しい」とおうかがいしました。それまでは「これは苦手」「あれはできない」

と、できないことばかりに目がいきがちだったのが、関わり方を変えることででできることが増えると「ああ、これはそんなに手をかけなくてもできるんだ」というふうに、見方を変えることができたんです。

**折笠** その子には、最終的に一人でできるようになってほしいので、同じ作業を三回してもらっていました。一回目は教えて一緒にやってみる。二回目は少しだけ手伝う。三回目は自分でやってもらって私たちは見守る。ただ、平山先生の関わり方を聞いてから、本人のペースに合わせるほうがいいのだと感じました。

小学校に上がったら自分で考えてやらなければいけないので、そういうふうになってほしいと、私たちは思いがちだったんです。

**平山** 幼稚園で決めている目標というか、たとえば「今月の描画は一枚に二人の人を描く」というねらいにそって全員を指導するのは、どうしても仕方ない面があります。二人描くには、一人は少し小さく描かないといけませんが、本人も頭ではわかっているのに、大きくドンと書いてしまって、できないからイライラしてしまう。でも、それはその子なりにまず一人描けたから、いいのかなと思うようになったんです。そこから、「じゃあ今度は、二人描けるように頑張ってみよう」と言ったら、ちゃんと描けるようになってきたので、その子その子で「できる」タイミングというのは、私たちの思っているときとは違うのかもしれないかなと。今まで無理にやらせすぎていたのかなと思いました。

でも、自分の関わりをみてくれる外部の先生方がいらっしゃる前は、自分のやり方で合っているのだろうか、もしこの子の経験不足からくる苦手さだったらまだまだやらせないといけないのだろうかと悩んでいたのが、話を聞いていただくうちに、このまま本人のペースを尊重していい部分と手伝ってあげたほうがいい部分の違いもわかってきたんです。

**折笠**　他の先生たちも、やっぱり外部の先生方に「そのやり方で大丈夫です」と言っていただけると、不安がなくなる、これでいいんだと安心できると言っていました。先生が安心することはきっと、子どもへの指導にもいい影響を与えると思うんです。

**久保田**　親にもいい影響があると思います。

**平山**　はじめは「うちの子だけ特別扱いするために、先生に苦労をかけてしまっては……」と言われたんですが、そうじゃなくて、その子にとって一番いい方法は何かを考えてみてうまくいって、このやり方で大丈夫だと外部の先生方からもアドバイスをいただいているので、このまま続けていきたいんですと、自信をもって伝えることができました。

久保田　お母さんの反応はいかがでしたか？

平山　お母さんも何かストンと落ちるような感じでした。私だけの考えとしてお伝えしていたら、受け入れてもらえたかどうかわかりません。私だけがこうしたいと言うよりも、心理職の先生に、ちょっと苦手そうなことがうまくいく方法はないか相談していて、いろいろなアドバイスを試してみたところ、これが一番良かったから、というふうに、納得してもらえるような説明をすることができました。

山口　お母さんたちにアドバイスをするときも、心理職などが入ることによって後押しにもなるわけですね。

腰川　なかには、そうやってお話ししても、受け止めてもらえない親御さんもいらっしゃるので、先生方がどう伝えるのかは、本当に難しいところですね。ただ、親御さんにとっては、お子さんがうまくいく方法を知ることができるのは、いいことだと思うんです。

折笠　久保田先生がおっしゃった「いいところが伸びていくと、他の部分も一緒に伸びていくんです」という言葉が、すごく私の心に残っています。できない部分をどうにかしなくてはと思っていたのが、いいところを伸ばせば他もどうにかなると思えたら、ちょっと安心して子どもと向き合えるようになりました。あの言葉で、すごく肩の荷が下りました。先生方が来てくださるのは、すごくいい環境だと思います。

**久保田** 私ができることは限られているのかもしれませんし、基本的に幼稚園で先生方がやってることは間違っていないのですが、先生たちと関わることで何かいいものが生まれてくれればと思っています。私が何か「名言」を言うことということもあまりないので、その話を覚えてくださっていたのは、嬉しいですね。

**折笠** 私たちができることは、実際に対応を変えること、環境を変えることなので、それについて心理職の先生からアドバイスをいただくと、視野が広がるというか、新しい方法にトライできる、方法の「パターン」が増えるので、有難いことです。一つ試してみてあまりうまくいかなかったら、次は別な方法をやってみようということができます。

## アウトリーチのこれから：幼小連携を目指して

**久保田** 最後に、このアウトリーチ型支援を、皆さんはどうしていきたいか、このままでよければそれはかまいませんが、現場の先生方にはどのような希望があるでしょ

折笠　うか？

幼稚園の環境としては、今までのような状況をつくっていただければ有難いです。ただ、年長の子たちが就学で私たちのもとを離れていくことが、今とても不安です。

平山　その不安が一番大きいですよね。

折笠　小学校の先生にどう伝えたらいいのだろうかという、連携に不安がありますね。

久保田　さきほど平山先生から話題を出していただいたお子さんですが、今まで苦労されてようやくいい関係ができた、うまくいく方法が見つかったわけですが、先生も一緒に小学校に上がって対応することはできないので……。そこが不安なわけですよね？

平山　幼稚園にいる間は、外部の先生方からアドバイスをいただけますし、そのおかげで子ども自身もできるようになったと感じているのですが、同じような関わり方を小学校でもしてもらえるのかどうかというと、いったいどこまでしてもらえるのか。あまりいい関わり方をしてもらえなかったら、この子はつまずいてしまうのではないかと……。

折笠　平山先生との関係がうまくできていて幼稚園にいることができている子もかなり

いますので、そういう子たちが新しい環境に入ったら大丈夫なのかなと……。それから、うちの幼稚園はみんな女性の先生ですが、学校に上がったら男性の先生が担任になったという場合、そこでうまくいくのかとか、不安要素がありますね。

**平山** 小学校の先生を悪く言うわけでは、決してないんです（笑）。ただ、卒園された子の親御さんから、学校の先生の話をうかがうと、あまりいいお話がなくて……。「幼稚園の先生たちは、きめ細かく見てくれていた」と言われることもあって、私たちは「こうしたらうまくいった」ということも含めて、一人ひとりについて園で気になることがあったら、できる限り伝えています。それが学校では、保護者の方から子どもの学校での様子を聞かないと教えてくれない先生もいたりするので、保護者の方が不信感をもたれることがあるようです。そうすると、信頼関係をつくることが難しくなってしまいまって、先生もあまり見ていないし保護者の方からもなかなか聞きにいかないので、小学校ではその子の課題に気づく人が誰もいなくなってしまいます。

**折笠** とくに自分から助けを求めるのが苦手な子は心配です。先ほど平山先生が出してくれたケースの子も、自分から発信するのが苦手なタイプの子なので、たとえば学校の授業で先生が板書をしていて、どうしたらわからないときに気づいてくれるのかなということが、少し心配です。幼稚園では、私たちが気づいてあげていたので……。こういうことをまとめた資料を、就学前に小学校の先生にお渡しして、口頭でもお話しする機会があるのですが、本当にやってくれるのだろうかと……。

平山　子どもの引継ぎなど、連携が必要なときに、どの時点でどういうふうにお話しをしたらいいのかというのも不安です。要録をお渡ししたりもしているのですが、ちゃんと見てくれるのかなと正直思ってしまったりもします。実は学校の先生から「この子はどういう子でしょうか」と電話でお問い合わせがあるのですが、たぶんクラス編成に必要な情報なのだと思うんですが、ただ電話をかけてきているのは実際に担任する先生ではなさそうなんですね。学校の先生は就学時検診で子どもを見る機会があるので、できればその前に引継ぎをしたいなと思うんです。今は三月に引継ぎをしているので、それではちょっと遅いのではないかと感じています。

折笠　就学時検診が一〇月や十一月にあります。その前に、「ちょっとこの子はこういうところがあるので、就学時検診で見てください」と言いたいんですが、言う術がないですし、言ってしまってもいいのかも分からないので、結局言わずに検診を受けます。検診で大きな問題がなければ、見落とされてしまう。

**久保田** 腰川先生、ご経験からどうでしょうか？　こういうご相談はよくありますか？

**腰　川** 幼稚園の先生たちは非常に不安を持っていらっしゃいますよね。もちろん、学校の先生にお子さんのことをお伝えしていただくのは必要ですが、その先は、なかなか小学校ではね……。どう対応されるかは、担任の先生と校内委員会の状況なども関係してきますし。

平山先生の見られていたお子さんのケースでは「先生、ちょっとできません」ということを発信する力も、三月までにつけてあげたほうがいいかもしれませんね。たとえば、今先生が気づいて声をかけてあげているのを、ちょっとそばに行くだけにして、お子さんのほうから「先生、ここできない」と言ってくるのを待ったりですね。もしくは、周りのお友達に「どうするの？」と聞く力を育ててあげるというのも大切かもしれませんね。ＳＯＳを発信する力というのは、この先の長い人生を考えても、必要な力になりますね。

**折　笠** 個別な対応をどのくらいしてくれるのかもわかりませんよね。

**腰　川** 言語指示の理解に課題があるお子さんですと、学校の先生のお話や一斉指示などを、いっぺんに理解するのは苦手なので、困りごとも出てくるかもしれません。

ただ、幼稚園の先生方がお子さんの支援について、私たちのような外部の専門家が関わっている状況も話してくださっているので、困ったときはどこかに相談すればいいんだということが、学校の先生にもつながっていくんじゃないかなと思います。

そういう意味では、アウトリーチ型支援で私たちが幼稚園に行っていること自体が、子どもの理解を育てる一歩になっていると信じたいところです。

山口　私が学校を巡回していた頃、小学校から中学校に上がるときに、「小中連携シート」というのを作ってもらいました。担任の先生に、一クラス大体五、六人くらい、気になる子についての注意事項と、うまくいった方法、保護者とのコミュニケーションについて、まとめた資料を中学校に送ってもらいました。幼稚園の先生方の場合は、「幼小連携シート」になりますね。

一口に「連携」と言っても、子どもについての情報を伝えた相手の先生が担任になるということは、実はあまりないので、資料としてまとめて伝えるほうが確実だと思います。

合わせて、一番いい方法だと思うのは、四月に保護者の方が実際に担任になる先生に、お子さんの特徴を直接伝えに行くことです。そこに「連携シート」を持っていけば、きっとスムーズに運ぶのではないかと思います。事前には、アウトリーチ型支援の医師・心理職、そして幼稚園の先生方から「こういうふうに伝えると、学校の先生はよく理解してくれます」と、それぞれの立場からのアドバイスをして、最終的には保護者の方がどう伝えればいいのかを判断して、四月に学校へ行きます。

折　笠　それはいいかもしれないですね。

山　口　「縦の連携」をする上でも、チームアプローチは有効だと思います。

久保田　理想は私たちもそのまま小学校に上がって、長期フォローをすることだと思います。アウトリーチ型支援のチームが、そのまま子どもも引き継ぐということです。これは、大学の学長先生から「君は授業をやらなくていいよ」と言われたらできることかもしれませんが（笑）。

山　口　先生が授業をしなくていいということにはならないと思います（笑）。

久保田　腰川先生が絶対ダメって言うと思う（笑）。

腰　川　私は言いませんよ（笑）。

久保田　それは冗談として、聖徳大学の授業で、私のアウトリーチ型支援の経験を伝えるということも、大事な活動だと思っています。児童学科、心理学科どちらの授業でも、やはりケースの話というのは、皆よく聴いてくれます。

先日、小学校を訪問したとき、今年入学した子で、親御さんに問題があって幼稚園に行けなくて、少し行動障害もあるということでみにいきました。担任の先生はとてもよくやっていらっしゃって、今年が異動前の最後の年だそうで、「自分がその子にいろいろ世話をするというよりも、自分が異動したあとも、周りの子たちとの関係がいい状態のままであるようにできることをする、と心がけています」とおっしゃっていました。

話は戻りますが、幼小でどのように連携するのかというところでは、幼稚園で上手くいった方法を、親御さんがものにすることができれば、うまくいくのだと思います。

折　笠　確かにそうですね。

久保田　親御さんの理解が得らえることばかりではないというのは、この世界の悩ましいところかもしれませんが、親というのはずっとついていく存在なので、ご自身の言葉で先生に伝えることができると一番いいですよね。

山　口　小学校の先生のなかには、自分の指導がうまくいかなくて子どもに落ち着きがないというのを認めたくないので、「この子は発達障害だからしかたない」というふうに、病気にしたいんです。私が学校に行っても、とにかく「この子はADHDだから、そういう病院に行くように言ってください」ということになっちゃうんですよ。その時、「私は診断できないから、必要があるなら医療機関に行って診てもらって、支援の方法は一緒に考えましょう」と言うのですが、次に行くと病院は何か月か待たされていて、先生はもう発達障害だと思っているから、その間ずっと何もしていないんです。保護者も不安なまま待っているんです。ここに医者が行って、「発達障害の可能性はあるとしても、まずは支援をしてみましょう」と言ってもらえれば、診断ありきという選択肢を除外することができるんです。そうしてすぐに支援がスタートすれば、その子はよりよい環境で生活することができるわけです。

したがって、学校の先生の指導放棄を改めるには、やはりお医者さんにはチームにいてもらわないと困るんです。あまり大きな声では言えませんが、小学校はまだ意外とそういう状況です。

腰川　校内委員会もあるにはあるんですが、どういうふうに支援すればいいのかというところまではいかない委員会がけっこう多いですしね……。その地域の巡回もうまく機能していなかったり。

山口　そういう放置されている子を見て、アウトリーチ型支援のチームを、医師と一緒に組むということを思いつきました。「これは私の手に負えないから」と、教師の義務である環境調整を放棄してしまっては、子どもがあまりにかわいそうですよね。

腰川　おっしゃるとおり、本当は教師が環境調整をできればいいのですが、ちょっと難しい現状がありますよね。そこに医師や心理職が出かけてアドバイスをするのはいいのかもしれません。他の領域とはいえ、これからの心理職には、学校の環境調整をどのようにすればいいのか、うまくアドバイスする力も求められているのかもしれません。

山口　虐待が疑われるケースもありますから、ソーシャルワーカーなどの福祉系の専門職の方も、チームに入ってもらうのがいい場合もあります。

久保田　幼稚園と一緒で、学校の先生方も一生懸命やってらっしゃる方は「このやり方でいいのか」と迷っておられます。その先生はケース会議の場で、もうここで言うしかないと思われたのでしょうか、「加配の先生をつけてほしい」とおっしゃいました。その先生もぎりぎりのところでやっていて、周りの子も見ないといけませんから、このままでは続けられないと言っていました。結局、加配の先生はつきませんでしたが……。

山口　加配となると、行政に資金がないとできませんからね。これは制度的な問題になります。条例をつくって、ある条件を満たすと加配教員を派遣するというようなシステムをつくらなければいけませんよね。学校の先生方もぎりぎりのところで踏ん張っています。

久保田　そういう「いい先生」もいるんです。ただ、そういった小学校の「いい先生」が限界にきているのは、幼稚園以上かもしれません。子どもはどんどん大きくなっていきますし、放っておくと他の子との差はどんどんついてしまいます。

腰川　そういう意味でも、幼児期というのはすごく重要です。幼児期の子どもたちが生活している場に、私たちがアウトリーチ型支援で出かけることで、先生方がどうやって対応すればいいのかを試行錯誤して、うまくいく方法を続けることで、子どもも少しずつ成長します。幼児期の支援の積み重ねは、環境が変わった小学校でも、必ず生きてきます。それから、保護者の方の理解を積み重ねるのも、早いうちがいいです。

そういう大事な時期の子どもたちに関わる現場に、私たち外部の専門家が行くというのは、すごく重要なことなのだと思います。

久保田　平山先生が心配されていた、小学校に行ったらこの子はどうなるのだろうかということは、きっといま幼稚園で先生が子どもたちに積み重ねていっておられることが、解消してくれるのだと思います。学校に上がったときには、また新たなストレスを受けることになるかもしれませんが、先生がその子の幼児期に関わったことによって残したものは、新しい課題を乗り越えるために、とても大きな力になると思っています。

## 子どもにいい経験を積むために

折　笠　アウトリーチの先生方に幼稚園まで足を運んでいただいて、子どもを見ていただける環境にあるというのは、本当に恵まれたことだと思います。

久保田　折笠先生は、私たちが初めてお伺いした時に涙を流されていた記憶がありますが、あれはどのようなお気持ちで……。

折　笠　はい、来ていただいたことがとても有難かったです……。ずっと不安で相談したいこともありました。それでもまた、子どもたちが成長していく、変わっていく姿を見られるのが、本当に嬉しいです。

山　口　私自身は思春期・青年期の子たちへの支援が専門なのですが、その観点からも幼児期にアウトリーチ型支援をすることの重要性を感じました。とくに久保田先生とお会いして、早期介入の重要性を認識しています。介入が遅くなると予後が悪くなるんです。私が関わっている子どもたちで「生まれてきてごめんなさい」と言う子がけっこういます。

折笠　ええ?!!

平山　かわいそう……。

山口　家では親御さんに叱られ、学校でも先生に叱られ、何をやってもうまくいかない、と。それで親御さんが「最近この子は『生まれてきてごめんなさい』と言うんですが、どうなんでしょうか」と言うわけですよ。

折笠　涙が出ちゃいます……。

久保田　小さい頃から、ずっと叱られる体験をしているんでしょうね。

山口　これはもう、完全に二次障害ですよね。こういう状況への「救い」としても、幼児期の介入が非常に重要です。

折笠　小さいうちからたくさん愛情をあげないといけないんですね。

腰川　私は保育所を巡回することが多いのですが、介入は三歳児だと遅いかなという印象です。四歳あたりが、早期介入のリミットです。二歳の段階ですでに、いろいろな特性がわかります。もちろんそれは、環境との相互作用で良くなることもあります。そのためには、二歳の段階からいい経験を積み上げていくことが、すごく大事なんです。幼稚園だと、入園してくる段階で三歳を越えているので、難しい面もあるかもしれませんが、それでもできることはまだまだあります。

なぜ早期介入が重要であるかというと、四歳くらいになると、周りの子との関係の影響を受けてしまうからです。うまくいかないことで、集団のなかで二次的な感情の問題が出てしまうこともありますし、他の子との関わり自体がうまくいかなくなってしまうことが出てくる。その前の二歳、三歳で丁寧に見て対応しなければなりません。一歳、二歳で手をかけると、その子の成長ははっきりと変わります。

**折笠**　それは愛着（アタッチメント）のことなども含めてでしょうか？　親御さんにも対応を変えていただく……。

**腰川**　もちろん、それもあります。そういったアドバイスももちろんします。伝え方が難しい内容なので、事前にうまく伝えるにはどうしたらいいかという「作戦」を立てていきます。たとえば、「このお子さんの課題は言葉だな」と思ったら、親御さんには「絵本を一緒に読んでみましょう」と勧めますね。あるいは、いつも叱ってばかりいる親御さんだったら、目の前で子どもをほめてみる。そうすると、親御さんもちょっとニコッとしたりします。

いずれにしても、親を変えるには時間がかかるので、幼稚園のなかでどう対応して、いかに子どもにいい経験を積んでいくかを、先生方に実践していただきたいです。

**折笠**　なるほど、そういえば「絵本を読んだことがない……」と、お母さんに言われたことがあります……。

**腰川**　ただし、うまく対応しても、特性がある子はそれが残っていきますし、ある面を比べると差も出てきてしまいます。他の子とうまく遊べないということも出てくるかもしれませんが、そこに先生たちが入って、どうやって子どもたちをつなぐか。そこは、「保育の腕の見せ所」になりますよね。

たとえ特性があったとしても、幼稚園で先生たちと積んだ経験はその子にとって、何もしないで小学校に上がるのとは絶対に違う「大切な意味」があります。完璧にはできないかもしれませんが、必ずその子の「助け」として生きていきます。

それは、先生方が手を変え品を変え試していくことで、生まれるものです。そうした先生方がアプローチを変える「手助け」をするために、私たちアウトリーチ型支援のチームがあるのだと思います。

もちろんはじめは、私たち専門家がお手伝いすることもあるかもしれません。でも私が先生方に希望するのは、他のいろいろな先生と話しながら、どう対応したらいいかを、自分たちで考え出す力を身に着けてほしいということです。私たちのアドバイスがあるにしても、先生方同士でも常に「この子の姿はこうだから、こうしたらいいかな」ということを話し合って、解決できる保育者になってほしいと思うんです。これはすぐには難しいことかもしれませんが、平山先生は子どもの見方が、確かに変わりましたよね？

久保田　そういうところを、ぜひ他の先生方とも共有して、それぞれの見方はどうかなと、振り返って話し合うきっかけにしてほしいと思いますね。

素晴らしいコメントだと思いますね。平山先生から今度は若い先生たちに、経験を伝えていってほしいですね。最近、山口先生と話していたことなんですが、私は、遺伝病が専門なので、先天的な異常すなわち「一次障害」というのはなかなか治すのが難しい面がありますが、「二次障害」は取り返しがつくものなのかと思っていたのですが、現実はその逆で、「いちど二次障害になってしまったら治らない」と山口先生がおっしゃったんです。

たとえば、足が不自由であるということは、車いすといった道具で補える面がありますか。しかし、「二次障害」には車いすのようなものはなく、回復不能であったりする。自分が考えてきたことと逆なのが現実だったんです。だからこそ、福祉施設の人たちには「自分たちがもっと早い時期から関わっていれば……」という思いが湧いてくるのかもしれません。

私自身がアウトリーチ型支援でいいアドバイザーになれるかどうかはすぐに答えることは難しいですが、「二次障害」を防ぐためにも、チームアプローチによる早期支援が大切だと思います。その子の長い人生を考えたら、保育の現場にいる先生たちには、心理職、それから場合によっては福祉の力も借りて、親も巻き込んで「二次障害」を防いでもらいたいんです。

私たちがこのやり方を確立できたら、私自身は若手の医者にアウトリーチ型支援を勧めて、医者の輪を広げていきたいと思っています。

では、さいごに若手幼稚園教諭を代表して平山先生からひとことお願いします。

平山　ずっと誰かに相談したいと思っていたんですが、どこに行ったらいいのか、また行くのにも勇気が要りました。これは親御さんもそうだと思いますが、相談に行くというのは大変なことです。それが先生方のほうから来てもらえると、気軽にというか「今がチャンスだ！」と思ってお話できる上に、その場でいろいろな専門家の方の見方を聞けるので、すごく助かりました。

来ていただくのも一回だけではなくて、継続してその子についてアドバイスをもらえるのが、とてもよかったです。前回と変わっている部分を見ていただいて、それを踏まえて次のアプローチも一緒に考えてくださるのが心強いです。園のなかで先生方にも相談をしますが、クラスに戻るとそれぞれ一人の担任なので、誰かに自分だけの「アドバイザー」になってもらうというのは難しいことです。そこで自分もまた一人に戻って、手探りで子どもと関わっていきますが、継続して見ていただいている先生から、「前回からいいほうに変わってきてますね」と言ってもらえると、大きな安心を感じます。なによりそれは、子どもにとって一番いいことなので、本当に来ていただけてよかったなと思います。

久保田　平山先生、ありがとうございました。先生方、本日は、どうもありがとうございました。

山口　いろいろ勉強になりましたね。

腰川　久保田先生、お医者さんでいてください（笑）。

山口　そうですよ、お医者さんの立場でコメントすることが大事なんです、医者のアイデンティティを持ち続けて……。

久保田　わかりました（笑）。

山口　心理職と同じになっちゃったら意味がありませんから（笑）。

……

折笠　いろいろな方面からの話というのは刺激的ですね。腰川先生の2歳から介入が必要というお話は衝撃的でした！

平山　本当に！

腰川　本当にそうなんですよ。

山口　僕は思春期・青年期が専門なのですが、幼児教育ではそういうことなんですね。

折笠　たしかに、二歳で入ってきた子で、他の全員の顔を引っ掻いちゃったんですが、それは「好き」のあらわれだったんですね。

腰川　そうなんですよね。

折笠　お母さんも、私たちも頭を悩ませて、でもそれは、一か月くらいでピタッと止まったんです。「好き、好き」って、抱きつくのを教えたんです。「好き好き、どうすんの?」って教えたら、すっかり収まって、いまはふつうに育っています。

久保田　それが一番のアドバイスなんでしょうね。

腰川　いまはなかなか、お友達と接する経験もできませんからね。

折笠　「公園に行ってもお友達になる子がいない」ってお母さんたちが言ってます。自分たちだけが遊んでいて、同じくらいの子と関わることがない。今、満三歳児クラスを担任していると、「自分が子どもから離れる時間を作りたい」というのだけでなくて、「同じ年代の子と遊ぶ機会がないから」という理由で入園させてくる保護者がいます。「家で親と二人で遊んでいるよりは、皆と遊んでいるほうがいいんじゃないか」と。そういうニーズも増えているのです。

　私たちの場合の早期というと、三歳児クラスがめっちゃ大事なんだなと思います。

久保田　めっちゃ大事ですね。

折笠　早すぎて怖い、と思いました。

山口　小学校からだとちょっと遅い感じがするもんね。

腰川　もう全然ダメですね。

山口　だから二次障害で「生まれてきてごめんなさい」になっちゃってるんですよ。

折笠　私もう本当に、わが子にそんなこと言われたらどうしようかと思っちゃいました……。

腰川　四歳、五歳でも厳しいですよね。「周りの子どもたちとの差」を子ども自身が感じてきちゃうと、「僕はダメだ……」と考え出すお子さんもいますし、逆に他の子に自分の力を誇示する言動に出るお子さんもいます。

折笠　言葉とか態度で示すみたいな。

腰川　そうです、そうです。ですから、やっぱり二歳、三歳が大事なんですね。

折笠　その話を、お母さんたちにしてほしい！

腰川　(笑)。

久保田　してほしいですね。

折笠　その話をそのまんま、「今の愛情がすごく大事なんだよ」というふうに……。

久保田　この前、山口先生と一緒に訪問した小学校の子のケースですが、このケースは幼稚園に通わせなかった保護者の子どももいたのです。あの子はまだ一年生だからという期待があるけど、幼稚園に行かせていないことがわかった時点で介入してほしかったなという気がしますね。そのことを福祉の人も行政の人も知っていれば、効果があったんじゃないかと。

そう言う子どもとも関わり出すと、腰川先生は大学にいられる時間がさらに削られてしまいますね（笑）。

腰川　え、なんで（笑）。

久保田　そう言う子どもの支援のためにもさらに幼稚園で助言して回る必要が……（笑）。

折笠　お母さんたちも不安になりながら子育てをしているので、愛情をたくさんあげればいいんですよって……。勘違いしてしまう人もいるんですけど、「はい、着せてあげるからね」って、なんでもやってあげちゃう。

一同　ああ。

腰川　そっちのほうが多いですよね。

折笠　そこはまた難しんですけれども、親しか与えられない愛情があるじゃないですか。それをたくさんあげて、っていうのを、ぜひお話ししていただきたいです。

久保田　では、お話は尽きませんが、今日はこの辺で終わりにさせていただきます。

一同　ありがとうございました。

# おわりに

本書では、心理職（心理士）と医師のアウトリーチ型支援についてまとめられています。第1章では「チームアプローチの経緯と意義」、第2章では「チームにおける心理士の役割」、第3章では「チームにおける医師の役割」、最後にこれからの保育・教育のためのアウトリーチ型支援についての座談会についてまとめられています。

第1章では、近年、発達障害と診断される子どもたちだけでなく、診断名のつかない「発達障害グレーゾーン」と呼ばれる子どもたちについて、診断名のついている子どもたちとは違った生きづらさを感じていることにふれています。それらの子どもの問題は、巡回相談によって、心理職と医師とが連携することで解決することがあります。心理職と医師が連携し、より綿密に情報のまとめ（アセスメント）をする環境を整えることは、支援者が子どもを理解することを促し、より良い支援にも結びつきやすくなります。また、子どもの問題や個性に応じた支援の必要性をその場で明らかにし、早期の環境調整や関わり方、対応の改善などといった支援に取り組める条件を整えることが求められます。子どもの「できた！」が増えていくと、自己肯定感の向上や二次障害の予防にもつながります。

第2章では、乳児期は、障害の診断が必ずしもできず、障害に起因していない状態像が起こりうる時期であることにふれ、発達による影響、環境による影響が大きい時期であることを念頭に置きながら子どもを理解していくことの大切さについてまとめられています。二歳くらいまでの乳幼児は、全般的な発達の遅れではない場合、発達の個人内差がすぐに発達の遅れと心配したり、障害の診断につながったりするものばかりではないことを念頭に置くことの重要性が述べられています。

巡回相談では、早期の支援が子どもの成長に大きく関わります。支援を行う際に、重要なことは、少しの工夫でできそうな支援を考えてみる（スモールステップ）、臨機応変に支援を考え、アプローチを変えていくということ、園や学校全体でクラスをサポートする体制を整えるということです。

子育てに心配があるときは遠慮なく相談できる人がいること、支えてもらえる場所があることを保護者にわかってもらうことが、保護者とその子どもにとって一番大切です。

また、インクルーシブ教育という視点が文部科学省から示されており、まずクラスの集団の中には多様な子どもがおり、「集団に入りにくい、今は入れないこともある」と理解しておくことが必要です。

心理職としては、子どもの見方やとらえ方の違いを踏まえて、保育者（保育士および幼稚園教諭など）と一緒に子どもの行動をとらえ直していくことに重点を置くことで、担任の保育者は自分の気が付かなかった子どもの良い側面を見つめ直すことができます。

第3章では、遺伝子研究を通じてエピジェネティックな異常は生まれつきだけでなく生後にも生じ、さらには劣悪な環境がこれを生み出すことにふれ、虐待という劣悪な環境で生じたエピジェネティックな異常が脳だけでなく精子にも生じることで、その子どももまた父親同様の行動障害を起こすことが示されたことにふれています。胎児期は遺伝子のスイッチが切り換えやすい状態で、生まれて間もない時期もまだスイッチの切り替えやすさは残っていると考えられ、それは、劣悪な環境で悪化しても、良好な環境でまたスイッチを戻し得るということが示唆されています。また、発達障害の増加には社会的要因と生物学的要因の両者が関わっていることが明らかにされ、発達障害傾向を持つ小さな子どもを診療する小児科医には、その子の保育園や家庭での良い面を積極的に聞いてから診断を下してほしいと述べられています。心理職と医師がタッグを組んで、保育・教育の現場で発達障害傾向の子どもに対する早期介入を実施することで、その子に合わない養育環境からくる二次障害を最小限にして、良い面を伸ばし、その子の生活の質や人生を良いものに向かわせるきっかけを与えられることが、われわれのアウトリーチ活動の目的であると考えます。

座談会では、発達障害はピンとこないが、でも苦手さのある子はいるのかもしれないという意見、また、グレーゾーンの子が増えたと感じると折笠先生から話が出ました。

また、現場では保護者の協力を得るために子どもの特性を伝えたいが、どのように伝えたらいいのか悩んでいたが、アウトリーチ型支援をすることで保護者に子どもの様子を伝えやすくなったと折笠先生から話がありました。その一方で、自分の子どもの特性を気にしない保護者がいて、様子を見るとか、「放置」になってしまっているのではないかという平山先生からの指摘もありました。

保育の現場における先生方からの相談を通して、発達障害という概念に対して保育に迷いが生じているのかもしれないと腰川先生から話がありました。それに関して、子どもにレッテルを貼ると、自分の保育の対象外に思ってしまう保育者もいるのではないかと久保田先生から指摘もありました。

また保護者との関係づくりに関して、園での様子とその対応を伝えていくことが大切だという話にもなりました。心理職が担任の保育者の代わりに「言いづらいこと」を伝えることで、保育者が保護者との信頼関係を崩さずに、感じたことや考えていることを伝えることができると私から話させていただきました。診断名がつくことのメリットやデメリットについて腰川先生にふれていただきました。

さらに医師の役割に関して、緊急性のある場合に出番があり、いたずらに待たせることなく、すぐに何らかの見立てと対応を提供することができると久保田先生から話がありました。
まとめとして、二次障害を防ぐためにも、幼児期のチームアプローチによる早期支援が重要だという話になりました。

最後に、本書で取り上げた心理職と医師のアウトリーチ型支援では、子どもへの早期介入へのヒントと重要性について示しています。アウトリーチ型支援に関しての課題はありますが、心理職や医師、保育・教育者が対等な立場で、それぞれの視点で対象となる子どもを見ることで、子どもだけでなく、保護者への支援にもつながります。それぞれの立場を大切にし、診断名に左右されることなく、今何ができるか、何をすべきかを考えていくことが必要になります。
本書を執筆するにあたって多くの方々の援助を受けました。特に、岩崎学術出版の塚本雄一様にはとてもお世話になりました。本当にありがとうございました。この本が、子どもたちや、その子どもたちを援助している支援者たちの一助となれば幸いです。

山口豊一

**【著者】**


久保田　健夫（くぼた　たけお）　第３章・座談会
聖徳大学大学院教職研究科教授。同児童学部教授。

北海道大学医学部卒、昭和大学大学院医学研究科修了（小児科学）。医学博士。

昭和大学小児科助手、米国国立衛生研究所研究員、国立精神・神経センター神経研究所室長、山梨大学教授などを経て現職。

小児科専門医、小児神経科専門医、特別支援教育士スーパーバイザー。

日本小児神経学会評議員、日本 DOHaD 学会副代表幹事。

健康エピジェネティックネットワーク（https://epihealth.jp/）代表。

研究テーマは発達障害児の脳のエピジェネティクス（遺伝子の化学修飾）を改善する良好な養育・保育・教育環境の解明。

著書:『図解小児科』（2009、金芳堂）、『エピジェネティクスの産業応用』（2014、シーエムシー出版）、『Developmental Origins of Health and Disease（Advances in Experimental Medicine and Biology Volume 1012）』（2018、Springer Nature）等。


山口　豊一（やまぐち　とよかず）　第１章・座談会
聖徳大学心理・福祉学部心理学科教授。同大学附属心理教育相談所長。

筑波大学人間総合科学研究科博士課程修了。博士（カウンセリング科学）。

茨城県の公立小・中学校教諭、茨城県教育研修センター指導主事、茨城県スクールカウンセラー、跡見学園女子大学教授などを経て現職。

学校心理士 SV、臨床心理士、特別支援教育士スーパーバイザー。

日本学校心理学会副理事長。学校心理士認定運営機構理事・事務局長。

著書：『チーム援助で子どもとのかかわりが変わる―学校心理学にもとづく実践事例集』（2005、学事出版）、『学校での子どもの危機への介入：事例から学ぶ子どもの支援 』（2015、ナカニシヤ出版）、『学校心理学にもとづく教育相談:「チーム学校」の実践を目指して』（2018、金子書房）、『新版 学校心理学が変える新しい生徒指導――一人ひとりの援助ニーズに応じたサポートをめざして』（2020、学事出版）等。

腰川　一恵（こしかわ　かずえ）　第２章・座談会
聖徳大学大学院教職研究科教授。同児童学部教授。

筑波大学大学院博士課程心身障害学研究科修了。博士（教育学）。

茨城県の保健所、保健センターの心理職、専門学校講師、養護学校教諭を経て2005年に聖徳大学に着任。

公認心理師、臨床発達心理士スーパーバイザー、学校心理士。日本発達障害学会評議員。

著書：『発達障害支援ハンドブック』（共著、2012、金子書房）、『発達障害の子をサポートする「気になる子」の保育実例集』（2015、池田書店）、『教材学概論』（2016、図書文化）、『発達障害の子をサポートする 学習・生活支援実例集 小学校』（2016、池田書店）、『発達障害の子をサポートする 生活動作・学習動作 実例集』（2017、池田書店）など。

折笠　とみ恵（おりかさ　とみえ）　座談会
聖徳大学附属成田幼稚園　主任

平山　由佳（ひらやま　ゆか）　座談会
聖徳大学附属成田幼稚園　教諭

〈２章イラスト　児玉やすつぐ〉

# 発達が気になる子への
# アウトリーチ型支援

―医師・心理士の協働による早期保育支援モデル―

ISBN978-4-7533-1185-9

著者
久保田　健夫　山口　豊一　腰川　一惠

2021 年 6 月 10 日　第 1 刷発行

印刷　広研印刷(株)

発行所　(株) 岩崎学術出版社　〒101-0062 東京都千代田区神田駿河台3-6-1
発行者　杉田 啓三
電話 03(5577)6817　FAX 03(5577)6837